曾杰 × 著

超级询问学

天津出版传媒集团

天津科学技术出版社

图书在版编目（CIP）数据

超级询问学 / 曾杰著. -- 天津 : 天津科学技术出版社，2018.5
ISBN 978-7-5576-3821-4

Ⅰ. ①超… Ⅱ. ①曾… Ⅲ. ①咨询-方法 Ⅳ. ①C932.2

中国版本图书馆CIP数据核字(2017)第224412号

责任编辑：方 艳

天津出版传媒集团
天津科学技术出版社出版

出版人：蔡 颢
天津市西康路35号　　邮编：300051
电话（022）23332695（编辑部）
网址：www.tjkjcbs.com.cn
新华书店经销
大厂回族自治县彩虹印刷有限公司印刷

开本 710×1000　1/16　印张14　字数 192 000
2018年5月第1版第1次印刷
定价：38.00元

前言
PREFACE

善于询问的人，运气越来越好

俗话说得好，路在嘴边！当你迷路的时候，大胆地向别人询问方向是最快的脱困方式。其实，人生之路上也有很多需要我们开口提问的情况。善于询问的人，可以获得更多、更准确的信息，帮助自己做出正确的决策；而不善于询问的人，则会被自己不熟悉的事物搞得晕头转向，屡屡碰壁。

也许有人会说："询问谁不会呀？"可能还有人会说："询问难道还讲究什么技术含量吗？"

前一个问题无视了人们在日常的询问交流中不时受阻的客观事实，后一个问题低估了询问艺术的博大精深。

为此，长期在美国陆军情报中心工作的询问专家吉米·派欧强调："询问是一门严肃的科学，因为其中蕴含了许多与人文科学相关的特殊技巧，并遵循着一定的逻辑；询问同时也是一门艺术，因为在一些具体而真实的情境里，询问会使人置身于一个个恍若梦幻的舞台上，亲身感受其中戏剧性的张力和魅力；询问还是一门学科，它遵循着一定的组织性、系统性的原则。学会提问，是有效询问的根本，是询问这门学科的'核心'！"

由此可见，询问既有科学的严谨性，又有艺术的感染力。能做好这点的人都有资格被大家尊称为"询问师"。

其实，“询问师”并不只是精通遣词造句的技巧，最关键的是他们善于思考和发现，懂得询问的终极目的——理解他人，探索观点。

美国Light Storm咨询公司和对话工厂有限责任公司的创始人约翰·R.斯托克指出：“通过提问来理解和探索其他观点，提出有意义的问题，以增进我们的理解，营造尊重氛围，并提高参与度。我们寻求的新发现越多，我们的视野就变得越广阔，从而让我们了解到的东西更加有用。答案就是在提问的过程中揭晓的。”

这也正是本书的创作初衷。

正在看这段话的你，可能属于被称为“优秀询问师”的佼佼者，也可能是有问题不知道该怎么开口的沟通困难户。无论你是哪种类型，想必都有过失败的询问经历。所以，本书的开头会从每个人在提问时都遇到过的挫折讲起，找出常见的询问碰壁原因。正本清源，才能有的放矢。

接下来，我们将为大家揭示优秀询问师的思维方式。平庸的提问者为什么问不出好问题？原因就是思维方式的缺陷。在这一部分，你会弄清楚人在提问时的种种思维活动，包括有益的和有害的。只有取其精华而去其糟粕，才能让我们的询问事半功倍。

与抽象的思维方式相比，“好问题”和“坏问题”的具体类型更具有直接的指导意义。6类阻碍交流的“坏问题”和8类促进沟通的“好问题”一直并存于我们的日常生活中，在了解其特征后，我们将更好地避开前者，活用后者。

本书还围绕提问前的准备工作、不同场合的询问重点、各式各样的询问语言技巧、容易被忽视的非语言技巧、处理所得信息的技巧、与回答者互动的技巧等方面展开深入讨论，力求让大家学会像优秀的询问师那样说话做事，提出有意义且有趣的问题，从回答者那里获取更多有价值的信息。

目录
CONTENTS

这样询问会让你碰壁

有的人能轻而易举地从别人口中问出有用的信息，有的人却没说几句就被对方拒之门外。决定性因素当然不是询问者长得帅不帅，而是询问者有没有用对方能接受的方式进行提问。开朗健谈的人也不一定擅长询问，他们同样会触犯提问的禁忌，让被问的人生气地回答“无可奉告”。惜字如金的人未必不能成为优秀的询问师，只要他们能避开不恰当的提问方式，就能用最省力的技巧获得想要的答案。

不知怎么开口

读前思考

你是否遇到过这样的尴尬？对某个人或某件事有很多不清楚的地方，迫切地希望有人能解惑，却又不知应该怎样提问。犹犹豫豫，踟蹰不前，最终错失了提问的机会，只好继续做个“懵懂人”。

人们通常认为只有内向性格者存在这种困扰，其实不然。有些因为提问不当而屡屡遭人嫌弃的外向性格者，也会产生不知道该怎么开口的疑惑。而且，越是不容出错的重大场合，提问者越容易紧张，也越不清楚什么才是最合适的询问方式。总的来说，这种“前怕狼后怕虎”的心态源于当事人早年询问失败的惨痛教训。

也许，你有过这样的经历——

在年幼无知时提出一个问题，却被长辈严厉地批评或殴打，大人们事后也不解释处罚你的原因；

听到大家在兴致勃勃地谈论某个你从没听说过的话题时，你好奇地发问，结果被周围人当成“居然连这个都不知道”的傻瓜；

老师说希望你大胆提问，结果你提出的问题不够好，被她当成反面教材在班里告诫其他同学。

假如你遇到想提问时却不知该怎么开口的情况，多半与上述经验教训有关。简单来说，就是内心深处对提问可能带来的负面影响感到恐惧。你吃不准对方是否会耐心地解答你的问题，是否会因此看不起你。为了避免这种风险，你在潜意识里关闭了自己的聪明才智，导致你想不出让自己感到安全的询问方式。换言之，不知道该怎样开口的人更多是受制于心理阴影，而不是智力水平。假如他们能打开心结，同样可以提出好问题。

从本质上说，不敢开口提问是因为对提问的后果心存恐惧。很遗憾，这种恐惧感是每个人与生俱来的。美国神经科学家认为：一个人每天会产生大约57 600个想法，其中的80%是消极想法。也就是说，我们每小时会产生1 920个消极想法，每分钟会产生32个消极想法。所以，我们总是会被消极想法催生的恐惧感影响自己的决策，阻止自己坦率直言，妨碍自己锐意进取。

由于在心中假设了失败的结果，所以那些不知道怎么开口的人会回避坦率直言，并会找许多借口来为自己的逃避行为辩护，让自己的恐惧变得合理化。以下5种借口最为常见。

1. 时间不够用

这个理由有时候是真的，但对于不敢开口提问的人来说，就算时间够用也会想办法拖延。“时间不够用”的潜台词是“我没有时间，所以没法去做那件事”。提问者总是对自己施加心理暗示，“我很忙，没有时间，不能浪费精力去询问他人。”这样一来，就能说服自己心安理得地保持沉默状态了。

2. 提问并不重要

这句话否定了提问的意义，把提问视为无用功。既然是无用功，那么对不清楚的事情不去提问就是正当的，不知道怎样开口去问也就没什么值得羞愧的了。既然此事不重要，不值得去认真做，那么提问者就能用看似洒脱的态度去掩饰其自卑情结。

3. 没人会关心这点

预设所有人都对你的问题漠不关心，是一种很有用的托词。主观地给他人下个负面的定论，把责任都推给别人，而不去真正了解别人是否对你的问题感兴趣。如此一来，提问者就会始终处于作茧自缚的状态。

4. 这不关我的事

这真是一个省心的理由。不关我的事，所以我不问，而不是我不懂得该怎么问。巧妙地回避了“我行不行”的问题。换个表述就是“非不能也，实不为也”——我可以做到，但就是不去做。到头来，还是无法证明你是否真正熟悉询问的技巧。

5. 别的事更重要

通过对事情的轻重缓急进行排序，把提问这件事放在了不重要的位置。哪怕是非常需要打问号的事情，也要排在其他“更重要”的事的后面。至于什么时候才开口问呢？对不起，“更重要”的事永远做不完，还抽不出精力。

上述种种借口如同一把保护伞，让那些不善于提问的人一直躲在下面，回避着向别人提出自己的疑问。其实，所有的借口殊途同归，都是在担心“要是我提出这个问题，结果会怎么样？”的问题。

假如你还是习惯于找各种借口来声援内心的恐惧，就永远不知道怎样开口询问。优秀的询问师最基本的素质，就是坦率提问的勇气。没有这份勇气打底，一切技巧都是花架子。

自我检查

阅读下表中的内容，选择你认为符合自身情况的描述，在前面的括号里打钩，每空1分。总分最高5分，最低0分。得分越高，说明你需要改进的细节越多，反之则说明你有较好的询问习惯。

（ ）	1.遇到自己不懂的事情时不敢开口提问，非常害怕被别人嘲笑自己很蠢
（ ）	2. 非常想了解情况，但又不知道开口第一句话该说什么
（ ）	3. 感觉自己一旦提问，很可能会让对方感到不舒服，自己也很尴尬
（ ）	4. 知道自己感到疑惑的事情是对方不愿提起的事情，不好意思开口
（ ）	5. 想弄清楚对方为什么情绪低落，但不知道怎样提问才不会令她更加难过

询问的方式令人不悦

读前思考

回想一下，你上次提问让对方怒目相向是什么时候？询问的是什么内容？提问的语气怎样？请再回想一下，最近有没有人提出让你感到非常恼火的问题？他（她）最让你生气的地方在哪里？

有时，人们被拒绝并不是因为提问的内容本身有什么恶意，更多是询问的方式令对方不舒服。尽管有些修养高深或者假装修养高深的人总是说“我只听他说什么，并不在意他怎么说”，但事实证明，能完全不计较询问方式的高人真的是凤毛麟角。因为，询问方式本身也是一种有价值的信息。

俗话说得好，“话不投机半句多”。只要对方一开口，所有人几乎都能通过短短两句话分辨出彼此是否聊得下去。

假如有个提问者称呼对方为“老女人”“死老头”“臭小子”“娘娘腔”“傻大个”“笨蛋”，无论他的问题本身多么正常，都会招致别人的反感。因为，这种不礼貌的称谓贬损了回答者的人格。

假如有个提问者还没跟你打招呼就问七问八，直接刺探你的隐私，肚量再大的人也会谢绝回答，只不过拒绝方式可能更巧妙些。

原因很简单，一个人提的问题可以反映他的认识水平，提问的方式则能暴露其修养好坏。特别是后者，一旦处理不当，就很容易点燃沟通对象的负面情绪。总体而言，令人不快的询问方式往往都有滥用情绪化表述的毛病。

情绪化表述与积极的表述

同样的指代意思用不一样的语句来表达，效果有天壤之别。下表所示是询问中几个常见的情绪化表述及对应的积极的表述方式。

情绪化表述与积极的表述

情绪化表述	积极的表述
你为什么这样愚蠢	你可能不太了解情况
你现在很可笑	你需要一些改变
你胆子太小了	你有些过于谨慎
你太闹腾	你过于活跃
你为什么喜欢便宜货	你为什么这样节俭
你有什么异议	你有什么顾虑
你是在撒谎吗	你刚才是口误吧
你真是爱出风头	你真的很自信
你错得一塌糊涂	你大概是准备不足
你这是胡闹	你似乎考虑不周

对比这两组表述方式，显然左边的情绪化表述更容易让对方感到被指斥，从而产生防备心理，使交流欲望降低。这是因为情绪化表述有暗示对方缺乏能力或品行不端的嫌疑。虽然积极的表述也迂回表达了批评的含义，但

是对方不会觉得自己被冒犯。因为这种表述方式用的都是正面的词语，不会让人觉得自己已经成为误入歧途的笑柄，而是依然在正确的方向上，只是做得不够到位。

仔细体会一下，这是两种完全不一样的心情。人们可以接受自己做得不完美，但很难承认自己做错了。这种“面子问题”在交流中起着重要而微妙的作用，不可不察。优秀的询问师总是用积极的表述方式来问话，所以不会令人感到不舒服。很多提问者做不到这点，主要还是心态没摆正。

提问者应有的正确心态

什么是得体的询问方式？没有固定的章法，只有基本原则。最重要的一条原则就是能让回答者感受到热情、积极、开心。凡是能达到这个标准的，都是得体的询问方式；假如让回答者的心情变得冰冷、消极、难过，就是不恰当的询问方式。

提问者之所以会用令人不舒服的方式进行提问，归根结底是由于对回答者抱有负面印象，认为他们不如自己或者不是好人，总之是觉得交谈对象不值得尊敬。美国沟通专家科里·帕特森认为，改变这种恶习的关键在于从内心深处“把大反派当成正常人”。

假如你察觉自己在对话中把对方看成无耻小人，对他们肆意攻讦，你就应当问自己一个问题：一个理智而正常的人为什么要做出这样阴暗的行为呢？这个问题可以帮助提问者把交谈对象看成与自己同样的普通人。在反思这个问题的时候，提问者的负面情绪会逐渐淡化，用同理心取代苛刻的负面评价，提醒自己不要用粗暴的方式对待他人。这将让提问者摒弃浅薄的自我辩白习惯，进一步提高个人责任感。

科里·帕特森说：“询问这样一个问题，目的并不是要为对方的错误行为寻找借口。如果他们的确有错，我们可以在今后找机会解决。”当提问者不再抱着挑毛病的心态去询问时，就不会滥用消极的词汇，而是用积极的表述方式向回答者展现足够的尊重。这样的询问，又怎会让对方讨厌呢？

自我检查

阅读下表中的内容，选择你认为符合自身情况的描述，在前面的括号里打钩，每空1分。总分最高5分，最低0分。得分越高，说明你需要改进的细节越多，反之则说明你有较好的询问习惯。

（　）	1. 询问的时候对人呼来喝去，如同把对方视如臣仆
（　）	2. 询问的时候用了尖锐的措辞，让对方顿时面红耳赤
（　）	3. 询问的时候用了不文明的措辞，让对方感到我是个无礼之徒
（　）	4. 故意提问有争议的事情，就是想看看对方难堪的样子
（　）	5. 不是公检法人员，但询问时像审讯犯人一样冰冷

问题脱离了情境

读前思考

假如有记者在篮球队的新闻发布会上问五人制足球和十一人制足球有哪些区别，那么他肯定会被大家当成一个笑柄。因为他的问题脱离了具体的情境，显得非常不合时宜。但这样的现象在生活中并不少见，为什么呢？

询问这件事，可能很简单，也可能很复杂。对于头脑清晰的人而言，询问如同家常便饭一样轻松自如；对于思路混乱的人来说，询问如同一场突出重围的恶战。从一个人提出的问题中，我们就可以知道他的思考水平高低。优秀的询问者能用令对方舒服的方式来提出尖锐的问题，让人甘愿积极调动脑细胞去认真答复；平庸的提问者则经常提一些脱离具体情境的问题，让人哭笑不得，不知该从何说起。

问题脱离情境的表现

问题的情境，就是能让提问者和回答者双方相互理解的宏观环境和背景。情境使得双方在面对问题和答案时都能明白对方所指的意思。不过，假如别人在不停地请你解释你的问题，那就可能是你并没有阐明事情的恰当情境。以下情况的出现往往就是由于问题脱离情境所致。

• 回答者问："您问这个是什么意思？"

• 回答者对于如何给出合理的回复意见感到犹豫不决。

• 大家好像总是曲解我的问题的原意。

• 对方发来的邮件信息并不是你当初想要的。

• 有人复述了一遍你的问题，然后说："我认为这跟××刚刚的问题是一个意思……"然而你想提出的问题和××的问题其实根本就不在一个层面上。

• 提出跟当前对话八竿子打不着的问题。

• 重复提问对方已经明确回答过的问题。

• 提出的一连串问题实际上都表达了一个意思。

• 在情况紧急的时候插入很久以前的问题。

• 明明是要询问对象A的情况，却打听对象B的消息。

• 提出了一个外行想当然的问题。

• 在高端的专业学术交流场合提出一个入门级别的问题。

• 在别人时间紧张的情况下提一大堆问题。

• 在别人身体或精神状态不佳时提出一大堆问题。

避免不当提问的办法

提问者之所以会出现这些状况，是因为思路不清晰，没搞清楚自己想问什么。如果把你想要问的内容区分为“数据”和“理解”两个部分，思路就会清晰许多，表达也将变得更为流畅。

美国沟通专家约翰·R. 斯托克认为：“数据就是‘可观察到的’或‘可证实的’事实或信息，即任何人都可以观察到的事件或情况。”也就是说，“数据”可能表现为反映实际情况的事实，期望或承诺与实际情况相对比的事实，或者行为与相应结果的事实。

脱离情境的问题，往往跟当前环境中的“数据”缺乏直接联系，所以回答者会觉得这个问题的方向跑偏了。假如提问者能围绕在场众人都关注的“数据”进行提问，并以此为基础阐述自己对“数据”的“理解”，就能把话题与当前情境紧密地结合在一起了。

除此之外，我们应该在不同的对话场合中表现出对应的情感色彩。最基本的经验是：在严肃的正式场合，不嬉皮笑脸、不哗众取宠；在轻松的场合，则不过分拘谨、严肃。但很多人即使长大了也并没做到这一点，时常在沟通过程中制造麻烦。

并不是每一个人脑子里都绷着那根名为“话不能乱说”的弦。有些人不擅长看气氛，只顾自己表达得痛快，完全不考虑听者的感受。你悄悄地提醒他“这时候不适合说这种话”，他们的反应却是“要什么紧，我又没说错”。这类人如果碰上脾气暴躁、内心敏感的沟通对象，说不定还会引发肢体冲突。

优秀的询问师未必每个人都是口若悬河之辈，也可能寡言惜字，但一定是观察气氛的高手。他们不仅知道什么场合该说什么话，还会时时刻刻留意回答者的反应。只要对方稍微面露尴尬，询问师就会立即调整自己的措辞，让听者重新回归舒适安心的状态，这样也就不会让问答变得莫名其妙了。

自我检查

阅读下表中的内容，选择你认为符合自身情况的描述，在前面的括号里打钩，每空1分。总分最高5分，最低0分。得分越高，说明你需要改进的细节越多，反之则说明你有较好的询问习惯。

（ ）	1. 曾经提出和当前话题毫无关系的问题，遭到了对方的白眼
（ ）	2. 曾经提出和当前话题毫无关系的问题，直接被别人嘲笑
（ ）	3. 曾经提出和当前话题毫无关系的问题，被对方严厉地批评
（ ）	4. 朋友们常说，我提出的尽是些没有意义的问题
（ ）	5. 朋友们常抱怨，我提出的问题过于跳跃，跟不上我的思路

装腔作势，企图以质问压倒别人

读前思考

有的人喜欢趾高气扬地对别人说话，摆出一副狂妄的姿态。但是，没有人喜欢被别人用颐指气使的语气提问。回想一下，自己有没有被别人用瞧不起人的口吻询问，或者为了压倒别人的气势而强硬质问的经历？

除了警察审问犯罪嫌疑人等特殊情况之外，大多数询问都属于平等交流的范畴。提问者与回答者的人格平等，谁都没必要把自己摆出高人一等的姿态。当然，大道理是如此，现实生活并不总是遵循看起来很正确的道理。

通过贬低他人来抬高自己，是部分提问者常见的毛病。他们摆老爷的架子，试图在气势上让对方甘拜下风。这样做，一来可以满足自己膨胀的自尊心（甚至可以说是虚荣心）；二来有可能能震慑别人，令其不敢不如实回答、知无不言。相比之下，第一种心态的成分更多。

问题是，提问者有虚荣心，回答者也有自尊心。谁也不希望在问答的过程中丧失尊严，被别人压得抬不起头，甚至卑躬屈膝。所以，当提问者的虚荣心向回答者的自尊心发起主动进攻时，结果自然是激起反作用力。这股反作用力就算不让狂妄傲慢的提问者自取其辱，也足以破坏正常的沟通。

美国沟通专家乔治·汤普森说："要随时展现你专业的一面，永远不要将重点放在保全自己面子这一点上。一旦涉及自己的面子，自我那一面就会被无限放大，你就会表现出烦躁、愤怒、偏见等情绪。"

所以，我们在跟别人打交道的时候要学会换位思考。试想一下，如果是在同等条件下，你在他的位置上，你想要他怎样对待你，你就同样应该怎样对待他。这才是真正的沟通黄金定律。既然你讨厌别人靠摆架子来折损你的尊严，那么你也应该主动抛弃装腔作势的恶劣态度，学会怎样好好地跟别人进行平等交流。

总之，你要时刻明确自己的询问意图，即你想从交谈中获得的结果。扪心自问一下，我向别人发问时想要的是什么？我提出这个问题的目的是为了炫耀自己的地位，还是实实在在地解决问题？把这些问题想通了，你就会察觉到，如果多一点真诚而少一点虚荣，对方就会更加乐意回答你的提问，也会更加尊重你的人格。

自我检查

阅读下表中的内容，选择你认为符合自身情况的描述，在前面的括号里打钩，每空1分。总分最高5分，最低0分。得分越高，说明你需要改进的细节越多，反之则说明你有较好的询问习惯。

（ ）	1. 为了让对方敬畏自己而用质问的语气百般刁难
（ ）	2. 拼命从鸡蛋里挑骨头，想把对方问得哑口无言
（ ）	3. 在向对方提问之前，先吹嘘一番自己的不凡之处
（ ）	4. 在向对方提问之前，先贬低对方的水平或人品
（ ）	5. 在向对方提问之后，再追加一句“怎么样？答不出来吧？”之类的话

提让对方困扰的问题

读前思考

并不是所有的询问都能得到回答，因为每个人都有不愿回答的问题。在很多时候，你的提问会给对方带来不小的困扰。不提让对方感到为难的问题，是询问师的美德。但很多人都做不到这一点，原因何在？

不可否认，我们的猎奇欲望比想象得更强烈。只要一有机会，就想了解更多常人难以接触的秘闻轶事。这导致很多朋友在提问时只想着怎样满足自己的好奇心，而毫不关心回答者的感受。此中症结主要是缺乏同理心，即共情能力，也就是换位思考的能力。

我们通常只会站在自己的角度看问题，自动忽略缺乏实感的冷暖痛痒。在这种情况下提出的问题，难保不会出现“站着说话不腰疼”或者“哪壶不开提哪壶”的毛病。共情能力强的人心思细腻，会主动体会对方的感受，从而修正自己的认识，他们在提问之前会注意观察回答者的状态，组织语言时注意照顾对方的心理感受。

其实，回答者最讨厌的不是令自己困扰的问题，而是提问者那种刨根问底的态度。按照正常的问答礼仪，当对方直接或委婉地表示不愿意回答上个问题时，提问者应当放弃继续追问，将对话内容转到另一个话题上。遗憾的是，不少人通常会抱着“问一下又不会少块肉”的心态继续给别人造成困扰，还觉得自己的所作所为合情合理。但是，如果别人以同样的方式对待他们时，他们就会暴跳如雷。下面我们就来介绍一下哪些问题让人困扰。

- 带有指责色彩的问题。例如：

“你是嫌我不够累吗？”

- 质疑人品的问题。例如：

“你不会是在骗我吧？”

- 煽动性问题。例如：

“你为什么不马上跟他打一架呢？”

- 充满负能量的问题。例如：

“你为什么要去大城市当炮灰呢？”

- 藏有陷阱的问题。例如：

“你什么时候停止欺诈行为的？”（诱导对方默认自己存在欺诈行为）

上述几类问题在生活中很常见。虽然不是绝对不能说出口，但是假如交谈对象不是你的仇敌，也不是你需要批判的反面角色，那就应该避免提出这些问题，免得让人对你生出不必要的怨恨。优秀的询问师无一例外是懂得照顾对方感受的高情商人士。如果能学会不让回答者陷入困境，你就称得上是一位友善而富有教养的提问高手了。

自我检查

阅读下表中的内容，选择你认为符合自身情况的描述，在前面的括号里打钩，每空1分。总分最高5分，最低0分。得分越高，说明你需要改进的细节越多，反之则说明你有较好的询问习惯。

（　）	1. 直接当众刺探对方的隐私，让对方下不来台
（　）	2. 周围的人经常抱怨，我是一个哪壶不开提哪壶的人
（　）	3. 当对方明确表示不想说话时，依然不停地问三问四
（　）	4. 当对方明确表示“无可奉告”时，依然刨根问底
（　）	5. 在别人心情不好的时候询问争议话题，从而引发冲突

总说别人听不懂的“行话”

读前思考

大家都希望从内行人士那里得到真正可靠的答案，所以“专家意见”很受欢迎。但与此同时，大家又不喜欢听专家大段大段地发表专业看法，因为他们未必听得懂“行话”。假如我们在询问时总是夹杂别人听不懂的专业术语，对方会高兴吗？

现代社会的分工越来越专业化，专业人士在人们眼中代表着各个领域的权威。群众希望从专业人士那里得到靠谱的专业指导意见，专业人士也想从群众那里收集到第一手数据和反馈意见。值得深思的是，这种双向互动的问答成于“专业”，也败于“专业”。

我们处于知识爆炸的时代，专业知识体系越来越庞大、精细、复杂，专业术语有增无减。普通群众与专业人士之间的知识鸿沟也随之扩大。无论是被普通群众提问的时候，还是向普通群众提问的时候，专业人士都不应该过多使用专业术语。因为，越专业的知识越难解释清楚，这会导致专业人士在提问或回答之前不得不先花大量时间去解释某个专业名词。如此一来，双方的交流节奏就会变得断断续续，聊得非常不畅快。

需要注意的是，每个人在自身所在的行业里是专业人士，但在其他领域也是需要接受科普教育的普通群众。在这些背景下，我们既可能是向专业人士询问相关科普知识的普通群众，也可能是向普通群众询问反馈意见的专业人士。无论你扮演的是哪一种角色，总说别人听不懂的“行话”，注定会让你的询问效率急剧下滑。

美国询问专家特里·费德姆说过：“所有的行业都各自形成了一些为交流方便而创造的表达方式。它们成了一种亚群体内部享有的方言——只在某个行业或领域独有的语言。如果不知道那些词、句、缩写表达什么意思，就会给内部交流带来些许困难。同时，不理解行话常常会导致不信任，混淆词语原有的含义。行话，也可能为商业合作带来障碍。”

“行话”可以节省内部成员的交流时间，提高工作效率。但不要忘了，你的询问对象不一定是懂得这种特殊方言的内行人士。假如你是向内行人士提问，那么直接用“行话”交谈也不要紧；假如你面对的是外行人或者自己不熟悉的陌生人，最好不要用“行话”来显示你的专业性。因为，当对方听不明白的时候，你就不得不从提问者变成回答者，一再解释刚才的某个词语究竟是什么意思。到头来，越想节省唇舌，反而越没有效率。

自我检查

阅读下表中的内容，选择你认为符合自身情况的描述，在前面的括号里打钩，每空1分。总分最高5分，最低0分。得分越高，说明你需要改进的细节越多，反之则说明你有较好的询问习惯。

（ ）	1. 无论在什么场合，提问时喜欢夹杂几句外语，而不考虑对方是否同样熟悉外语
（ ）	2. 在向非本专业人士提问时，下意识地提出一个只有专业人士才听得懂的问题
（ ）	3. 觉得听不懂专业术语的回答者，都是不爱学习的懒人
（ ）	4. 当对方表示听不懂我在说什么时，我没说几句又开始大谈专业名词
（ ）	5. 当对方表示听不懂我在说什么时，我顿时失去了提问的兴趣

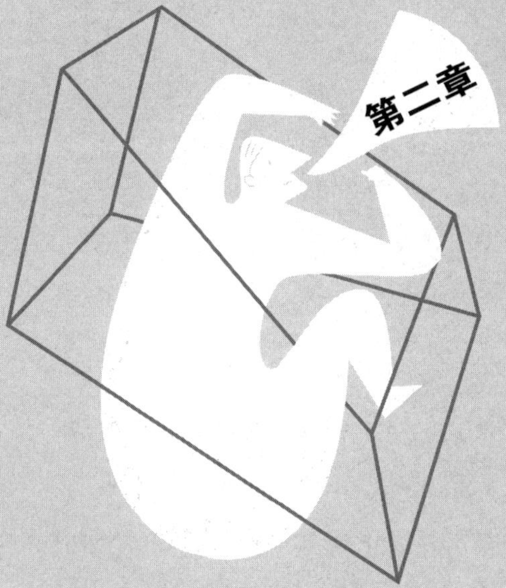

优秀询问师的思维方式

一般人与优秀询问师的差距主要在思维方式上。询问师和普通人一样，都会对不清楚的事情心生疑窦，对世间万事抱有强烈的好奇心，喜欢了解新奇的事物。但是，他们有着常人所缺乏的理智与感受力，不会把刺探隐私作为询问的主要目的，也不会带着偏见去看待未知事物。而且，他们的注意力往往比较集中，在同一时间内只专注于一个问题，并精心分析获得的每一个信息。正是这种思维方式造就了询问师出色的询问能力，令其能清醒地提出问题并探明答案。

怀疑是询问者的本能

读前思考

没有怀疑就没有问题，没有问题就没有询问。人与人之间的信任不是无根无据的，而是需要通过无数的询问与解释来构建互信机制的。毫不夸张地说，怀疑是每一位询问者的本能反应。那么，该如何正确看待这种本能呢？

假如我们相信任何看到的、听到的事情，就学不到任何东西，只会变成盲目听信一切的愚人。怀疑的本能促使人积极思考，审慎地观察事物，从而获取更多信息，做出更加可靠的决策。从某种意义上说，当你提出问题的时候，就已经在表达自己的怀疑了。

过度的怀疑会让你变成一个怀疑论者兼阴谋论者。对周围的一切都抱有过度的警惕，无法分辨什么东西值得信任，什么东西才应该怀疑。这类人一旦遇到自己无法理解的东西时，不懂得用积极的询问来弄清真相，而是把一切疑问都牵强附会地解读为“阴谋”，并且听不进任何理性的意见。毫无疑问，这样的人只会困在自己荒谬而狭隘的意识里，无法正确地认识人、事、物。

优秀的询问师懂得怎样合理地利用怀疑的本能，并能主动避免过度怀疑带来的无端猜测。他们在开口提问前都会认真地进行理性思考，而不是像怀疑论者、阴谋论者那样把内心的不安全感强加于被询问的人。

什么是适度的怀疑？简单说，就是不轻信对方的观点，也不轻率地予以否定，一切以验证结果为准。以下是几个以验证为目的的常用句式。

- “你的消息来源是什么？”
- “你是否已经找到了相关证据呢？”
- “这个结论你是怎样得出来的？”

我们不要随便怀疑对方具有刻意误导别人的不良动机。要知道，回答者也许只是因为认识水平不足或情报来源有误才产生了错误的观点。一个有素质的询问者应当抱着“对事不对人”的怀疑态度，提出疑问只是为了寻找支持回答者观点的证据，以确定自己确实得到了可靠的信息。

自我检查

阅读下表中的内容，选择你认为符合自身情况的描述，在前面的括号里打钩，每空1分。总分最高5分，最低0分。得分越高，说明你需要改进的细节越多，反之则说明你有较好的询问习惯。

（ ）	1. 当我与别人发生观点冲突时，我会怀疑对方是收钱办事的“网络水军”
（ ）	2. 当我与别人发生观点冲突时，我认为一定是对方弄错了
（ ）	3. 我认为“阴谋论”可以解释世界上的一切问题
（ ）	4. 当我辩论不过别人时，会指责对方动机不良
（ ）	5. 我不相信任何官方说法，只相信自己的怀疑

询问的意义不是刺探隐私

读前思考

有的人把询问等同于刺探对方的隐私，从而做出一些类似狗仔队的恶劣行为。这种误解使得他们无法真正运用好询问这一工具，也不懂得怎样面对别人的正当提问。那么，询问这一行为的目的和意义，你都清楚吗？

“询问的意义是什么？”这个问题恐怕很少有人会去认真计较。因为每个人从学会说话开始，就能无师自通地进行提问。只不过，最初的提问水平较低，随着年龄和知识的增长才逐步提升。为了更好地运用这种语言工具，我们应当深入了解“询问”本身。美国教育家杰米·麦肯齐博士认为询问具有10种不同的用途，这也正是询问的10种意义，具体内容如下。

1. 理解

当人们听到问题时，会重新检查自己对事情的认识，以便总结出一个可以消除疑问的答案。在这个过程中，人们会一步一步加深自己的理解，仔细观察事物之间的联系与相关性。所以，善于提问的人能让对方注意到平时忽略的线索、视角、细节，引导他们去理解陌生的事物。比如，老师在课堂上向学生提问，演讲者向听众提问，都有加深理解的效果。

2. 解决

没有调查就没有发言权，而询问正是调查的主要方式，所以很多询问是以解决问题为出发点的。比如，警察在调查案件中走访案发现场周围的群众，就是为了寻找破案的线索。又如，社科院的研究员为了寻找解决某种社会问题的办法，也会进行广泛地询问，以听取相关社会群体的声音。无论什么样的解决方案，若是缺乏足够的询问调查做支持，十有八九都是缺乏可操作性的。

3. 判断

提问的方式和措辞不仅体现了提问者对事情的判断，还在一定程度上揭示了他们的意图。比如，面对同样一件事，有的人问“为什么”，有的人问“真的吗”，有的人问“怎么办”。问“为什么”的人显然认为事情是真的，提问是为了搞清原因；问“真的吗”的人则怀疑事情的真实性，提问是为了确认；问“怎么办”的人不怀疑事情的真实性，也清楚原因，把提问的重点放在如何应对上。由此可见，3种人做出的判断不同，故而提出的问题也不一样。

4. 构建或发明

如果某些问题用常规形式进行提问，就会显得缺乏说服力。假如提问者能根据面临的挑战来设计问题，就可以引导回答者从构建或发明的角度来考虑事情，使其学会怎样将理论与实践相结合。在这种情况下，询问就成了一把启迪大家进行发明创造的钥匙。当然，这需要提问者具备较高的学问素养。

5. 说服

提问既可以引发讨论，也可以用来说服别人。很多沟通专家在开导他人时会采取反问的方式，因为这样会改变对话节奏，让态度顽固的对方开始从新的角度看待问题，进而发现自己观点的漏洞。如此一来，他们的抗拒态度会出现松动，而沟通专家就可以顺势劝说他们改变观念。不过，这种以说服为用意的询问，对提问者的沟通技巧提出了较高的要求。

6. 挑战或颠覆

有的提问本身包含着相互冲突的争议因素，会激发人们思考和辩论。通常来说，那些带有争议性的问题或多或少是以挑战或颠覆某种观点为目标的。尤其是在辩论会或其他充满争辩的环境中，任何一方的提问都在挑战对方的认识，都试图让对方承认自己犯了错误。这种提问无疑充满了火药味，但往往也能促进新观点的诞生。当然，也要注意提问的尺度和措辞。

7. 认识了解

通常而言，我们只是从一个角度或层次去理解某个事物。但事物往往具有多面性，我们在熟悉这一面的同时，未必了解另一面。在一般情况下，我们很难自发地注意到自己认识的局限性。只有自己遇到疑问或者他人向我们提出疑问时，才会从另一个角度重新审视自己“非常熟悉”的事物。这将促使大家升华认知水平，也是询问的重要意义之一。

8. 摈斥

杰米·麦肯齐博士说：“这里的关键是，你抛出来的问题是否值得人们去思考。”他的话提到了询问的一个重要意义——摈斥。当你打算摈斥某个观点时，采用“×××是什么”之类的常规询问方式显然不够有力，更好的询问方式是“为什么×××无法取得更好的效果”。因为，这种询问方式能唤醒大家对该观点的荒谬之处进行深思，从而加强质疑的力度。

9. 怀疑或假设

这里的怀疑指的是关于“假如……会怎样”的假设性问题。这种询问方式会刺激大家顺着假设的方向去思考事情的可能性。无论在研究活动中，还是在日常生活中，我们都会遇到这种假设性问题。尤其是当大家感到悔不当初时，常会这样扪心自问。而那些充满忧患意识的人，在事前就会用种种假设来提醒自己不要忽略某些隐忧。

10. 预测

有些问题可以称之为预测性问题，它的特点是根据已知信息对结果做出预估。这种询问方式往往会带有“预计”“估计”“判断”之类的字眼，通常应用于某种专业性较强的情境。比如，在论文答辩、座谈会等场合，很多人会用预测性问题来询问大家的意见，帮助他们做出相关的判断或决策。

上述10种用途让询问充满了艺术性和科学性。不管我们问什么，怎样问，归根结底都是对其中一种用途的应用。询问的意义并不是简单地刺探对方的隐私，而是从多方面提高我们的认知水平，以便更好地应对生活，改善世界。假如看不清这一点，我们就无法把自己锻炼成真正的询问师，提不出让别人感兴趣的问题。

好奇心与偏见

读前思考

好奇之心，人皆有之。人们的询问就是在好奇心的驱使下完成的。可是，有些人的好奇心能被对方接受，有些人的好奇心则会遭到对方无情地批判。造成这种差异的根本原因是询问者在提出问题时是否心存偏见。

求知欲促使我们对未知事物怀有浓厚的好奇心。虽然很多作家写了“好奇害死猫”类型的悬疑恐怖故事，但人类依然改不掉这种深入骨髓的天性。假如你对某个人、某件事缺乏好奇心，就根本不会去询问相关信息。

优秀的询问师的好奇心可能比一般人更多。一般人对事物的观察比较粗枝大叶，想了解的内容不多，好奇心比较容易得到满足。询问师则会对其他人忽略的各种细节感到好奇，并顺着这些方面深入思考，精准地提出自己的疑问。面对这样的提问者，对方当然会更加耐心且细致地准备回复。所以，询问师的提问效率能保持在较高的水平。

话说回来，好奇心是一把双刃剑。过剩的好奇心会让提问者执着于穷根究底，让回答者感到自己的个人隐私遭受侵犯。此外，好奇心还分为友好型与不友好型。不友好型的好奇心指的是“怀着偏见”的好奇心。假如提问者带着偏见去询问，就会让交流变得扭曲，让对话双方的关系一下子紧张起来，甚至演化为激烈冲突。这显然不是什么明智之举。

所以，美国询问专家吉米·派欧强调：“当我们在询问时一定要保持好奇心。这里的好奇心是指没有偏见、保持公允和客观态度的好奇心。若能保持这种心态，你会发现自己自动进入了一种询问模式，你无偏见的好奇心和求知欲将被开启，可以远离来自其他人的肆意评价，并不会扭曲询问的主题或添加不客观的色彩。”

好奇心是我们与生俱来的天性，不需要去除掉。但是，带有偏见色彩的好奇心会阻碍我们提升自己的水平和修养。所以，我们应该把好奇心转化为没有偏见的求知欲，这样才能让问答交流保持在一个平等而融洽的氛围中。

自我检查

阅读下表中的内容，选择你认为符合自身情况的描述，在前面的括号里打钩，每空1分。总分最高5分，最低0分。得分越高，说明你需要改进的细节越多，反之则说明你有较好的询问习惯。

（ ）	1. 我更关注一个人的花边新闻，而不是他的成就
（ ）	2. 当我说不过别人时，会用“女人就是爱无理取闹”来挽回面子
（ ）	3. 我曾经拿道听途说的消息来询问别人，而不在乎是否冒犯了他
（ ）	4. 我曾经向朋友提出过带有偏见的问题，招致他义正词严的批评
（ ）	5. 哪怕别人给出很有说服力的证据，我还是会对他保持那些道听途说的刻板印象

同一段时间内只关注一个问题

读前思考

我们对这个世界充满了好奇心，想知道很多事情。但人的注意力和精力毕竟有限，无论多么博闻强记的回答者都难以一次性回答所有的问题。那么，优秀的询问师会怎样解决这个矛盾呢？

提问的范围决定了回答的范围，这是再简单不过的道理。但大部分人通常不会刻意去严格界定问题的范围，只是凭直觉来把握相关问题涉及了哪些方面。由于提问者的直觉感受差异极大，所以你可能会遇到三两句话就能说清重点的交谈对象，也可能碰上一位滔滔不绝却总是讲不出重点的“话痨”。

为了让回答者能更有针对性地回复问题，我们应该做到直接而简洁地提问。美国陆军情报中心专家吉米·派欧和美国国际间谍博物馆理事玛丽安·卡琳奇提出了一个重要的提问原则——同一时间内只关注一个问题！

吉米·派欧认为：“超出这个（一个问题的）范围，裹挟太多的冗余成分，通常情况下是没有必要的。简短的、简单的问题可以使你更容易获得一个清晰的答案，而不是不知所云的答案。”

优秀的新闻记者善于直接命中问题的要害，用关键词引导回答；而平庸的提问者缺乏直指关键词的意识，提问的范围过大，增加了对方回复的难度。后者主要的问题在于：同一时间内关注了多个问题，让交谈对象因信息过载而反应不及。

学校保安：“我看到你刚才从那个拐角进入校园，为什么没有减速行驶呢？”

司机：“我减速了呀！你来看那个拐角，如果我在那边没减速，肯定会冲进花坛里的。所以我刚才肯定减速了。”

保安听到这个答案时感觉奇怪，自己要的答案是对方为什么没有减速行驶，而司机却在说拐角的道路情况必须减速才能避免驶入花坛，显然是答非所问。假如保安直接问“你刚才进校园的时候为什么没减速”，对方就不会拿地形找借口来逃避责任了。

由上述案例可知，如果一个问题充满了繁杂的细节，那么它一定会成为一个失败的问题。因为提问者半天讲不清楚自己想问的是什么，让大家感到不知所云。遗憾的是，在生活中有很多人都有这个毛病。他们迫切地想了解很多情况，以至于模糊了思考和询问的重点。

针对这种现象，玛丽安·卡琳奇提供了一个简明有效的询问技巧。她说：“如果你拥有一个好问题，就不需要提前去做很多背景上的设置。”

这句话强调，提出一个好问题的关键是，你必须首先理解这个问题是什么，且没必要给一个问题附加很多符号性或象征性的描述。只要我们心中有一个明确的指导性提纲，就可以将问题描述得很简单，然后再把从专业角度解读这个问题的机会留给被采访者，而不是把很多答案裹挟在问题里。

你应该直接表明你的问题，这样才能通俗易懂，且能让回答者马上思考核心的问题。

一言以蔽之，把提问的范围缩小，一次只问一件事，让回答者在同一时间里只需要回答这一件事。要知道，不是每个人都能同时快速地想出几件事的答案。优秀的询问师懂得怎样帮对方缩小回答范围，问得简单，答得方便，交谈范围自然就会变得十分融洽。

自我检查

阅读下表中的内容，选择你认为符合自身情况的描述，在前面的括号里打钩，每空1分。总分最高5分，最低0分。得分越高，说明你需要改进的细节越多，反之则说明你有较好的询问习惯。

（ ）	1. 我经常在同一时间内想着好几个问题，然后手忙脚乱地去找各个问题的答案
（ ）	2. 我有时候会因为寻找另一问题的线索而错过了获取前一个问题的答案的机会
（ ）	3. 由于我的提问范围过于宽泛，对方经常不知道该从哪里开始回答
（ ）	4. 由于我的提问范围过于宽泛，对方不得不花更多力气去整理答案
（ ）	5. 我想把提问范围缩小，但总是无法做到

人人都是潜在的分析师

读前思考

优秀的询问师都会通过认真分析来搞清楚自己需要什么样的信息及应该怎样合理提问，以求获得最佳的询问效果。毫不夸张地说，优秀的询问师必然也是出色的分析师。提问者应该怎样提高分析能力呢？

提出问题并不比回答问题更省脑力。提问者要发现疑点，才能在心中形成疑问。假如不具备相关的知识或经验，人们就会把许多本该质疑的东西视为正常现象，提问的念头也不会产生。其实，发现问题只是第一步，想好怎么问是第二步，每个阶段都需要用心思考才能妥善处理。所以，没经过思考就胡乱提问，不是一个有头脑的人该做的事情。

若想成为一名出色的询问师，至少需要做到以下3点：

• 我们应该学会关注人物、内容、时间、地点、起因等信息要素，看看自己对哪些要素存在疑问；

• 从这些信息要素中分析出最关键、最重要的信息，然后再把其他相关信息与之相联系，逐步形成直指核心的问题；

• 认真分析回答者的特点，设计一个更加合理的询问方式，同时找出最合适的提问时机与提问场合。

由此可见，分析能力在本书中占有极其重要的地位。假如提问者不具备成熟的分析能力，就无法理清思路，不可能提出什么好问题。就算对方愿意言无不尽，他也无法有效判断哪些是有用的情报，哪些是无用的垃圾信息。

我们会在后面的章节中详细论述提高分析能力的办法，这里就先不展开了。但是，有一个重要经验是每一位提问者都应该记住的，那就是永远不要忘记询问关于“致命缺陷”的问题。

当你的计划进展顺利时，当你想到了新创意时，当你检查工作状况时，都应该向别人以及自己提出诸如此类的问题。如“真的可以确定没问题吗”“这里面是否隐藏着足以破坏整件事的风险”“这个计划真的毫无漏洞吗”等。

心中怀着对“致命缺陷”的警惕来对相关人士进行询问，然后认真分析自己的忧虑是否已经被解决。这正是分析师们思考问题的出发点。如果对此不以为意，那么小问题很可能就被拖成大问题。任何心思缜密的咨询师都绝对不允许这样的事情发生。

自我检查

阅读下表中的内容，选择你认为符合自身情况的描述，在前面的括号里打钩，每空1分。总分最高5分，最低0分。得分越高，说明你需要改进的细节越多，反之则说明你有较好的询问习惯。

（　）	1. 我基本上不怎么去认真分析自己听到的消息
（　）	2. 当我觉得自己的猜测能自圆其说时，就懒得再去找证据来论证
（　）	3. 我认为深入分析资料是一件费力不讨好的事情
（　）	4. 我认为分析能力对询问并不重要，只要能背诵答案就行
（　）	5. 我不知道该怎样分析自己掌握的资料

苏格拉底的智慧：用询问引导他人成长

读前思考

古希腊思想家柏拉图认为他的老师苏格拉底是个“好奇的询问师”。苏格拉底以不留情面的提问逼迫其询问对象不得不高举免战牌，他也因敢于质疑而成为众矢之的。但为什么苏格拉底提问法至今依然被西方人视为高明的智慧呢？

我们想从纷繁复杂的信息中找到自己需要的关键信息，却又受制于知识功底或认知水平而无法如愿。这时候，询问就成为我们实现目标的有力工具。通过询问，我们会逐渐筛选出不需要的信息，缩小关注的范围，一步一步锁定那个有效的答案。当然，这个过程肯定不会顺利，你需要他人的帮忙，尤其是那些博学多识者的指点。

古希腊哲学家苏格拉底深谙询问之道，非常善于利用恰当的询问来获取关键信息。不仅如此，他还知道怎样运用询问术来引导别人开悟，使他们自己找到所需的答案。他的学生柏拉图在《美诺篇》里记录了一个故事，故事中一位从未学过几何学的小厮，在苏格拉底的不断询问下，解出了几何题的答案。

苏格拉底："告诉我，小厮——你知道我画的这个四四方方的图形是正方形吗？"

小厮："没错。"

苏格拉底："正方形的四条边是相等的吗？"

小厮："是相等的。"

苏格拉底："通过正方形的中心画出的两条线（正方形的边的平行线段），不也是相等的吗？"

小厮："也是相等的。"

苏格拉底："正方形是可大可小的吗？"

小厮："是的。"

苏格拉底："假如正方形的这条边是2尺长，那条边也是2尺长，那么整个正方形有多大？你想想看。如果这条边是2尺长，那条边只有1尺长，整个图形的面积不是2乘1方尺吗？"

小厮："是的。"

苏格拉底："若是那条边也有2尺长，整个面积不是2乘2方尺吗？"

小厮："是这样。"

苏格拉底："那么这个正方形就有2乘2方尺了？"

小厮："有。"

苏格拉底："2乘2是几方尺？算一算，告诉我。"

小厮："应该是4方尺，苏格拉底先生。"

苏格拉底："不是可以有另一个正方形，它的面积有这个的2倍大吗？"

小厮："有的。"

苏格拉底："那么，这另一个正方形有几方尺？"

小厮："有8方尺那么大。"

苏格拉底："好！你试着告诉我，这正方形的每一条边长是几尺长。前一个正方形的4条边是2尺长，比它大2倍的正方形的4条边是几尺长呢？"

小厮："很明显，苏格拉底先生，是2倍长。"

苏格拉底："美诺啊，你看，我并没有教他这些，只是问他。现在他认为自己知道那个8方尺正方形的边长有多长。你不觉得他是这样吗？"

美诺："我认为应该是这样。"

苏格拉底："他是真的知道吗？"

美诺："当然不是。"

苏格拉底："他只是在猜测，因为正方形是2倍大，所以边长也是2倍。"

美诺："确实是这样。"

苏格拉底："我们来看看他是怎样一步一步回忆的，注意观察。"

苏格拉底（转过来对小厮说）："你告诉我，你是说由2倍长的边构成了2倍大面积的正方形吗？我的意思不是指那种一条边长一条边短的长方形，而是4条边一样长的正方形，而且是这个图形的2倍大，就是说8方尺。你看看，你还是认为双倍的正方形来自双倍的边长吗？"

小厮："我认为是这样。"

苏格拉底："好！如果我们在这条边上再添上一条同样长的边，是不是就变成了双倍长的边了？"

小厮："没错。"

苏格拉底："那么，由4条这样的边是不是会构成一个8方尺的正方形呢？"

小厮："没错。"

苏格拉底："那我们画出4条一样长的边。这是不是你所说的8方尺的正方形呢？"

小厮："就是这样。"

苏格拉底："这个大正方形里不是有4个与原来的正方形面积相等的小正方形面积吗？"

小厮："是的。"

苏格拉底："那它有多大？不是4倍大吗？"

小厮："怎么不是！"

苏格拉底："4倍和2倍一样大吗？"

小厮："绝对不是，宙斯在上。"

苏格拉底："那是几倍呢？"

小厮："4倍。"

苏格拉底："那么，由2倍长的边构成的并不是2倍大的正方形，而是4倍大的正方形。"

小厮："你说得对。"

苏格拉底："因为4的4倍是16。不是吗？"

小厮："是啊。"

苏格拉底："什么样的边长可以得到一个8方尺大的空地？就好比4尺长的边可以得到一个16方尺的空地。你看清了吗？"

小厮："看清了。"

苏格拉底："8方尺的空地难道不是这个图形（小正方形）的2倍，另一个图形（大正方形）的一半吗？"

小厮："当然是。"

苏格拉底："那么，它的边长比这个图形的边长大，比那个图形的边长要小吗？"

小厮："是的，我认为是这样。"

……

苏格拉底："现在明白了吧！你的提问能激发他人的灵感。倘若使用不同的方式向一个人不停地提出问题，那么这个人最后能获得更多的知识吗？"

美诺："应该能。"

苏格拉底："所以说，只要向一个人提问，不需要教他任何知识，他就能自己教会自己，找出最终的答案。"

这段古老的故事充分展现了古希腊顶尖询问师的风采。苏格拉底通过不断提问的方式来拓展学生的思路，系统地锻炼对方的批判性思维。这种具有苏格拉底特色的询问方法，后来成为常见的启发式教学方法。

美国沃顿商学院的管理咨询专家特里·费德姆对苏格拉底那套深入调查提问的方法大为赞赏，他认为，苏格拉底的问题实际上是一套谁也逃不掉的测验题。无论我们掌握了多少知识，都不是全知全能的，在不断地追问下，再厉害的人也会暴露不足。认识到自己无知的一面，也就找到了新的改进方向。这无疑对我们提高自身素质，包括提高询问技巧有很大的帮助。

优秀的询问师不仅善于提问，还能像苏格拉底那样用提问引导他人成长。正如特里·费德姆所说："'苏格拉底'们的使命，就是让人们丢掉对知识掌控力的不切实际的幻想——你永远不可能对所有的事情都做到了如指掌，即便是在你最擅长的领域，还是会有很多你不了解的东西。"

总之，保持清醒的头脑，时时扪心自问"我还有哪些不足"，是一名优秀询问师必不可缺的修养。

阻碍深入交流的“坏问题”

也许你不知道什么问题会让别人抓狂，但你一定明白什么问题会让自己郁闷、难过、暴跳如雷。这些问题对你来说无疑都是“坏问题”，将心比心，我们自然就明白哪些问题会让被询问对象感到不适。不少人经常在沟通过程中提出“坏问题”，惹得对方不快，让交流难以深入。所以，优秀的询问师会注意避免问不恰当的问题，或者用不恰当的方式来表达自己的疑问。

引导型问题：让对方失去思考的余地

读前思考

你是否遇到过这种情况——别人提出的问题本身包含了答案，暗示你讲出他们希望听到的话。你感觉这样的问题诱导性太强，让思维局限在对方暗示的范围内，无法以更开阔的角度看待事物。

苏格拉底询问法重视启发他人积极思考，但并不是每个提问者都能用好这种方法。有些人急于引导对方给出自己想要的答案，便在提问时施加了过多的暗示，结果扰乱了他们本身的理解和记忆，让回答的可信度大大降低。他们提出的问题就是引导型问题。

华盛顿大学的伊丽莎白·洛夫特斯教授曾经把490个主题分为4个组别进行研究，以便观察不同询问方式对人们的证词有多大影响。研究结果令人惊讶，人们的记忆并不可靠，很容易把事实和虚构混为一谈，形成背离事实的记忆。

伊丽莎白·洛夫特斯教授指出：“当事故发生后，人们在接受调查询问时，最初被问及的‘假设性’问题可能会混杂在他们的头脑中，使他们认为那些曾经被暗示的问题也是事实的一部分。他们会在脑海中将暗示性的提问重新设置成背景，融入自己的记忆。”

引导型问题之所以被询问专家视为坏问题，就是因为它里面隐藏着一个假设正确的答案，并暗示对方提问者心中想听到什么样的回答。如此一来，对方要么直接说“No”，要么完全依照你暗示的方向来提供答案，不会给你带来多少新的有价值的信息。

常见的引导型问题有如下几种：

1. 在问题中掺杂了假设条件

这种问法的目的在于诱导对方承认这个假设是成立的。例如：

“这个产品的价格明年会下降多少？”

（假设该产品明年不会涨价）

2. 用问题串联起自己的想法

虽然是向别人提问，但在问题中暗示对方按照自己的判断来考虑怎样回答。例如：

“你是否更喜欢在海滨城市生活？”

（显然提问者把自己对海滨城市的好感代入问题当中）

3. 在问题中暗示因果联系

把两件可能原本不相干的事情扯到一起，生硬地加上因果联系，然后在提问中暗示对方，如果那样做会有什么样的后果，以便令其放弃原先的决定。例如：

“如果你在暑假里总是跟同学出去玩，那么暑假作业做不完怎么办？”

（提问者默认“跟同学出去玩”一定会导致“暑假作业做不完”的结果）

消极型问题：关注点不是阐明事物，而是贬低回答者

读前思考

你是否遇到过这种情况——对方用居高临下的态度发问，并在言语中对你百般贬低。你感到愤愤不平，认为对方根本不是来了解情况的，而是想逼着你承认你错了，以此证明他有多么高明。

与普通问题相比，消极型问题其实也就是多了一句话，但恰恰是这句话让回答者对你的态度发生180° 大转弯。“这是错误的吗？”——任何一种消极型问题都会以此结尾。即使不用这句话，也会用其他句式来表达同样的意思。

消极型问题令人不快的主要原因是，它的关注点不是阐明事物究竟如何，而是回答者是不是存在错误的行为或错误的判断。这显然不是友好的交谈方式，无助于促进对话。毕竟，没有人喜欢自己的意见被否定，尤其是自己付出了大量心血所做之事，被他人怀疑的滋味不好受。

其实，提出消极型问题的人本身未必有恶意，只不过其拙劣的询问技巧

让对方失去了安全感。他们如实地表达了自己的疑虑，却没有顾及对方的感受。假如对方的性格比较自卑，就容易被消极型问题打消信心，给出消极的回复意见；假如对方的性格很要强，自尊心就会受到刺激，于是以不合作的强硬态度来抗拒与你深入交流。无论哪种情况，提问者都不能听到推心置腹的真话。

话说回来，即使消极型问题在大部分情况下属于“坏问题”，也存在一些例外。美国询问专家吉米·派欧认为，以下3种情况下使用消极型问题是相对“恰当的”。

• 当你想表达自己的好奇和怀疑时，可以用消极型问题来表达自己的担忧。

• 在引起“惊叹”的环境下，消极型问题可以满足你表达不满的需求。

• 当你希望对方同意你的观点时，用消极型问题强调不这样做的危害有多大。

由此可见，消极型问题是一把双刃剑，在特定的对话情境下可以用其消极因素打消回答者不切实际的想法，阻止他们犯下严重的错误。这也是广大提问者需要学习的地方。

模糊型问题：随便的询问只能得到模糊的答案

读前思考

你是否遇到过这种情况——对方提出的问题既没有具体的范围，又没有什么重点，让你不知道该从何谈起。他以为自己提了一个“开放性”的好问题，而你却觉得他脑子里装的是一团糨糊。

根据回答的范围差异，问题可以分为封闭式问题与开放式问题两大类。前者的提问范围相对狭窄，只需要针对特定内容进行回答；后者的提问范围非常宽泛，没有特定方向，没有固定的答案，给回答者留下了很广阔的思考余地。但是，并不是每个人都能提出发人深省的开放式问题。倘若稍不注意，就会错把模糊型问题当成开放式问题提出来。

模糊型问题的核心特征是模糊，最大问题是“开放性”太强，提问范围无从界定。这会让回答者不得不费神去琢磨提问者到底想知道什么。开放式问题则不然，看似开放，实则有一个明确的方向，能引导对方围绕那个方向来思考和回复。所以，我们在询问时必须牢记一点——回答者没有读心术，不是你肚子里的蛔虫。假如你无法说清楚自己的疑问点在哪里，他们就无法知道该回答哪些内容。

故而，美国询问专家玛丽安·卡琳奇指出：“模糊型问题对事情的重点或关键的把握不清晰也不简明。如果是故意提出这样的问题，那么可以聪明地引出事实真相；如果连提问者自己都感觉很迷惘，一般得到的答案也不会有太多价值。”

假如你用模糊型问题来提问，那么得到的只会是更加模糊的答案。这类问题对你搜集真正有用的信息不会有什么重要帮助，所以它当然属于一种“坏问题”。优秀的询问师基本上都会想办法让自己的问题变得更加逻辑清晰、范围明确、通俗易懂、直指关键，这样也便于回答者给出对等的明确的答案。

不过，假如你打算故意掩盖一个话题，并希望得到跟自己想法相去甚远的答案，模糊型问题也能发挥一定的作用。当然，提问者一般不需要特意去做这种搅浑水的事情。

混合型问题：信息量太大，让人不知该从何说起

读前思考

你是否遇到过这种情况——对方在一次提问中一口气提出了好几个问题，试图从你这里获得一大堆答案。假如你当时精力不济、思路不清晰，大脑就会顿时陷入一片空白，而心里会很烦。

混合型问题指的是提问者在同一时间里提出了好几个问题。而大家通常在同一时间里只提一个问题，包括前面提到的引导型问题、消极型问题、含糊型问题等“坏问题”。在记者招待会上，有些新手为了在极其有限的提问时间里获取更多消息，就会提出混合型问题。因为这种问题压缩了很多信息，假如对方能全部回答到位，就能一举收获许多答案。

遗憾的是，提问者这个美好的愿望恰恰是回答者不愿意看到的噩梦。混合型问题的信息量过大，往往每一个子问题都可以拿出来单独做长篇大论的回复。我们都知道计算机同时运行太多程序会死机，人同时思考多个问题虽然不会死机，但是会思维混乱。

只有极少数沟通高手才能从纷乱的混合型问题中捕捉到提问者最核心的问题，然后用一条线索巧妙地串联起其他问题的答案。当然，他们不会事无巨细地回复每个问题，而会有详有略地组织语言，重点回答那个核心问题，其他问题则用三言两语来引导提问者自己去思考答案。

不过，大部分回答者都不具备这种处理复杂信息的能力。他们只能在同一时间内处理一个简洁明晰的问题。碰上混合型问题时，往往会无法正面回答。

日本沟通专家斋藤孝指出："向别人传达事情的时候，第一要务就是'有没有说出你想传达的意义（观点）'。"沟通就是为了彼此交换观点，只要提问者的观点够明确、够简洁，对方就能迅速做出回应，提供有效的答案。

所以，我们在提问前应该养成认真检查问题有无意义的习惯。具体而言，就是当发现自己提出的是"混合型问题"时，在心里对自己说"你说的话毫无意义"。然后，把混合型问题还原成几个简洁明晰的问题，逐个进行询问。

自问自答型问题：浪费时间的卖弄行为

读前思考

你是否遇到过这种情况——对方提出了一个你没有考虑过的问题，却又在你认真思索的时候迫不及待地宣布了他的答案。你觉得他根本就不想征求你的意见，只是想趁机卖弄自己有多机智罢了。

相比这种赤裸裸的自问自答行为，自问自答型问题包装得要巧妙一些。提问者没有采取同时扮演回答者角色的方式，而是用一个问题来包裹某个不容置疑的答案。回答者最终会意识到，除了承认那个“不容置疑的答案”外，自己的任何答复都不会让对方感到满意。

总的来说，自问自答型问题有以下几个特征。

- 问题中混杂着答案，而且该问题只能有一种答案。
- 问题中的某些字眼会被别人在回答中重复描述。
- 自问自答型问题的主问题后面经常紧跟着第二个问题，比如“是这样吗？”“对不对？”“是吧？”等。

我们由此可以看出，这种询问方式反映出了提问者强烈的控制欲。他们显然不想听到不同的意见，而希望对方按照自己的问题中的答案来进行回复。任何“超纲”的回答都不是他们想要的。

沃顿商学院专家特里·费德姆说：“有时候，问题里面隐藏着回答。在某些情境下，这种问题的提出是有意为之，但只有在你希望提出诱导性问题时，或者并未打算在讨论中获取更多新信息时，把答案放在问题里才是可取的做法。这种提问方式还有一个作用，那就是‘教对方如何说话’。”

由此可见，自问自答型问题只适用于极少数特殊情况。假如你真心希望学到新的知识，掌握新的情报，就不宜提出这种“坏问题”。

优秀的询问师不会去做这种自问自答的事情。因为，他们并没有好为人师的习惯，去变着法“教别人应该怎样说话”。当他们展开询问时，必定是希望从回答者那里听到经过思考的答案，而不是在对方回答不出来的时候向对方展示自己的答案。后一种行为违背了询问的初衷，与其为了显摆自己而浪费时间，不如什么都不问，直接按照自己的想法去行动。

争议型问题：挑起事端的“开战宣言”

读前思考

你是否遇到过这种情况——对方在公众场合中故意提出一个充满火药味的争议话题，并且用了你最反感的语言和语气。你虽然对这个争议话题有成熟的见解，但在心里把“看热闹不嫌事大”的提问者咒骂了无数遍。

社交媒体的普及让人们的表达习惯越来越碎片化和情绪化。由此造成以微博、脸书为代表的社交媒体变得越来越充满戾气，任何一个微小的分歧都可能突然演变成几百万人宣泄不满的争议话题。在这种氛围的带动下，很多人在生活中也喜欢提争议型问题，故意向意见不同者发出挑战。

争议型问题之所以充满争议，就是因为容易造成各方的对立。由于立场、观念、利益等有差异，人们在某些问题上无法完全做到求同存异，甚至会以寸土不让的强硬姿态坚持自己的意见。所以，只要不是涉及大是大非或生命财产的情况，大部分人都不会刻意去用争议型问题激化彼此的矛盾，制造一点就燃的紧张气氛。

平心而论，争议型问题也不是不能问，但这对提问者的技能要求更高。假如不是抱着故意挑事的心态，最好收敛自己的好奇心，避免提此类问题。若是遇到了非弄清楚不可的情况，也要选择合适的时机与场合，掌握好语言分寸，以免让回答者变得怒不可遏、行事极端。问题是，当提问者决定抛出争议型问题时，就已经开始被对方视为挑衅者了。

如果你讨论的问题的结果充满挑战性，和其他人的看法大相径庭（虽然你深知只有自己是正确的），你就会不由自主地想强迫对方接受你的观点。提问者认为如果听任对方自行其是，结果就会把问题搞得一团糟。因此，当你十分肯定自己的看法正确时，你不只是在和对方交流，还是在强迫他们接受你的观点。

当提问者一心只想战胜交谈对象时，显然是一个非常危险的征兆。尽管他们明白应该用大量铁一般的事实去说服对方，但对方肯定会千方百计地抵制提问者的观点，于是提问者便变本加厉地强迫对方接受你的观点。

争议型问题最大的缺陷就是让交流陷入争强好胜的恶性循环。故而优秀的询问师并不主张采用这种提问方式，哪怕他们要挑战别人的观点，也会选择其他方式来实现，这样才不至于让询问沦为单纯的意气之争。

促进双方沟通的“好问题”

一个“好问题”，可以省略很多不必要的麻烦，可以让询问者把话问到对方心坎里去，可以让被询问对象产生强烈的倾诉欲望，尽情地讲述丰富而有价值的内容。这样的沟通无疑让彼此都觉得轻松愉快，甚至生出相见恨晚的感慨。优秀的询问师不仅懂得如何避开“坏问题”的陷阱，还十分善于提一些让人舒服的“好问题”。所以，他们才能屡屡沟通成功。

直接型问题：最好回答的询问方式

读前思考

请回想一下，那些让你感觉非常好回答的问题是不是有这些特征——直截了当、简单明确、内容简短、询问范围集中在一个点上？再回想一下，你的回答是否同样简明而直接，不用费太多脑筋？

美国询问专家吉米·派欧说过：“直接的问题是最好的，一个动词，一个名词或一个代词，简单明了。”

这个经验不光适用于英语，也同样适用于中文。比如“你是谁？”“能吃吗？”“好吃吗？”“怎么吃？”“花了多少钱？”“什么时候见面？”等问题，不仅一听就懂，还不需要花费太多心力去琢磨答案。

直接型问题是最常见的“好问题”，其最大的优点就是不需要什么特殊训练，人人都能无师自通。因为我们每天提出的大部分问题都是直接型问题，已经在实践中反复磨炼，所以不需要再学习什么高深的沟通技巧。

由于结构简单，直接型问题一般只能用来获取简单、直接的信息，而无法引出系统而复杂的回应。不过，通过一系列直接的问题进行连续发问，最后也有可能获取关键性信息。当然，这需要提问者有清晰的头脑来串联所有的直接型问题，将其形成一个有机的组合。如果没有优秀询问师的技巧做技术支持，通常是无法做到这点的。

最精于此道的人群是刑警，他们在审问犯罪嫌疑人时主要采用直指要害的直接型问题组合。刑警在审问时会按照人物、事件、时间、地点等要素提出一连串直接型问题，每一次只用简明的句式和充满力量感的语气询问一件事，直指每个细节和关键，让犯罪嫌疑人不得不回答。即使犯罪嫌疑人有逃避回答的动作，也会被新的直接型问题逼入死角。

通常来说，单个的直接型问题容易被对方回避。假如你不想采用过于复杂的询问技巧，不妨像警察那样以直接型问题来提问。当然，你的语气不能像审犯人那样强硬，而应该保持轻松自然的语调。这能帮助你给回答者留下一个亲切直爽、胸无城府的好印象。

控制型问题：用明知故问来检测实情

读前思考

你是否遇到过这种情况——对方问了一个不难回答的问题，但你知道他心中已经有了答案，只是在向你验证自己的想法。你虽然清楚他在明知故问，但并不反感这种询问方式，反而觉得这体现了他对你的信任。

有时候，提问者想弄清某些情况，但又存在某些顾忌，使用直接型问题会显得比较唐突。比如，对方处于敏感状态，动不动就发火；对方处于悲伤状态，你不想在他伤口上撒盐；对方处于警惕状态，想方设法地回避你的提问。在这些情况下，控制型问题就成了一个非常好的选择。

美国询问专家玛丽安·卡琳奇对控制型问题有着精辟的论述："控制型问题意味着，你已经基本知道该问题的答案，你的提问不是一场关于探索和发掘新信息的旅程，而只是为了证实你已经知晓的信息。这些问题通常需要重点注意对方的行为和说话时的语音、语调，以此印证对方提供的信息是否具有可靠性或正确性。"

由此可见，控制型问题是一种明知故问的行为，具有较高的技巧性，可以帮助我们在不得罪人的前提下确认相关情况。所以，这是一种非常实用的“好问题”。

对于优秀的询问师来说，使用控制型问题时要将谈话导入你已经知道的背景信息中。这是一个常用的询问技巧。而且，当你知道的相关背景信息越多时，就越需要从中设置出“可控的问题”。既然是以核实已知信息为出发点，那么观察对方的各种表现就是应用控制型问题的主要手段。

比如，对方嘴上说喜欢某种事物，但当你提起该事物的相关信息时，他并没有表现出任何相应的热情和兴趣。这种言行不符的表现，已经暴露了他的真实态度。而我们在接下来的询问中就可以重点深究这个方向，戳破对方欲盖弥彰的谎言。

需要指出的是，在使用控制型问题的时候要避免被对方识破你的意图，然后将计就计地给出你想听到的答案。这样一来，即使用明知故问的方式，也检验不出真实的情况了。

重复型问题：从几个角度核实同一信息

读前思考

请回想一下，你是否遇到过这种提问者——他们向你提出了两个不同的问题，你在回答完后突然发现，两个问题的答案隐约存在一种殊途同归的共性。然后，你会很在意自己的答复有没有自相矛盾的情况。

重复型问题不是把同一个问题重复说几次，而是用几个问题来揭示同一信息的不同面。比如，“X公司一共有多少人？”是一个问题，“X公司团购工作餐一共需要订多少份？”是另一个问题，但这两个问题实际上是从不同角度来询问该公司的总人数（因为每一个人对应着一份工作餐）。这就是典型的重复型问题。

尽管重复型问题是从两个不同角度来获取同一个信息，但是回答者不能用同一个答案进行回复，只能老老实实地从两个角度提供两个答案。从理论上讲，重复型问题获得的答案应该是殊途同归的，这使得重复型问题天然具备信息核实的功能，故而被美国询问专家吉米·派欧和玛丽安·卡琳奇视为

“好问题”。

很多事情，如果换一个角度去考虑，就会出现不同的答案。而那个被忽略的角度就是我们的思维盲点。在重复型问题中，由于两个答案本质上指向同一个信息，按理说是不应该相互矛盾的。假如换不同角度得出的结论依然相同，说明回答者考虑问题没有逻辑漏洞，也如实反映了情况；假如换不同角度得出的结论有差异，要么是回答者思虑不周，要么是他此前没说实话。如此一来，提问者就能检验出相关信息是否准确。

重复型问题既可以用来向同一个人提问，也可以同时询问两个人。无论运用哪种方式，得到的效果是相同的。尤其是后一种情况，假如两个人串供说谎，重复型问题就能搅乱他们商量好的回答方式，使其露出破绽。

最后，在使用重复型问题时，我们要注意必须把两个问题设计成具有逻辑关联的情况。假如两个问题本身不存在严密的逻辑关系，势必会让答案也变得毫无瓜葛。如此一来，提问者就无法从两个角度来验证同一个事实了。

持久稳固型问题：围绕同一话题收集更完整的答案

读前思考

你是否遇到过这种情况——对方提出一个问题后，又围绕着相关话题提出了更多具体的问题，把涉及的事物的方方面面都问到了。你在回答的过程中发现自己原来对很多细节观察得还不够仔细。

询问专家吉米·派欧将持久稳固型问题定义为“针对相关信息，用多种不同的方式询问一个问题，以窥测同一个问题的不同角度”。

从某种意义上说，持久稳固型问题是重复型问题的升级版，主要在我们感觉回答者不够诚实或者事实不够明确的情况下使用。但两种询问方式有很大的区别。重复型问题用于从不同角度验证同一个信息，而持久稳固型问题则用于获取“不止一个答案”。也就是说，我们可以通过持久稳固型问题来深入探索某个话题，将与之相关的各种有效信息一点一点地挖掘出来。

在做复杂的调查研究时，持久稳固型问题非常有用。世界上很多人、事、物都具有多面性，想要认清“庐山真面目”，就不能只从单一的角度看问题，还需要掌握大量的细节信息。持久稳固型问题实际上是一个系列问题的组合，针对同一个事物展开全方位、多角度地询问，就像扫描仪一样力求覆盖该事物的种种细节。掌握的细节越多，提问者对事物的了解就越完整，不至于遗漏关键信息。

从某种意义上说，持久稳固型问题其实始终在重复一个概念和关键词汇。正因如此，这种询问方式才能全面深入地揭示回答者所忽略的各种具体细节。

通常来说，人们并不会深究同一个概念和关键词汇，只是满足于蜻蜓点水般的泛泛了解，这使得提问者更容易找到回答者的潜在逻辑矛盾。毕竟，回答者并不都是观察入微、心思缜密之人。所以，只要坚持用持久稳固型问题来发问，没说实话的回答者迟早会暴露自己因未曾亲历而忽略的细节。

总结型问题：通过总结来重新审视提问内容

读前思考

你是否遇到过这种情况——对方在跟你问答往来后提出一个新问题，这个问题总结了你前面提到的所有观点，同时还重复确认了你强调的重要信息。你觉得对方的提问思路非常清晰，且让你更加明确自己的需要。

总结型问题的特征是在一个问题里包含了一些总结性信息。回答者会通过这些总结性信息，顺着提问者的思路来重新审视这个问题，从而给出更加明确的答案。由此可见，总结型问题的精髓在于“总结性信息”。提问者的分析总结能力越强，这种询问方式的效果越突出。

不同于直接型问题和控制型问题，总结型问题基本上不会出现在对话的开头，因为“总结性信息”主要出自问答双方之前的对话。提问者根据回答者的反馈意见不断调整自己的认识，然后对其核心观点进行总结，再将该观点提出来，确认回答者的本意是否真是如此。只有在对话积累到一定程度且双方交换了足够的意见的情况下，提问者才能做出针对性的总结，否则就只能以其他询问方式先积累用于分析的信息材料了。

总结型问题之所以属于“好问题”，是因为它离获得最终答案只差一步。当然，我们可能会在漫长的交谈中多次使用总结型问题。因为回答者可能在交谈中突然给出了新的意见，使得我们不得不再次总结。不过，按照这个节奏谈下去，提问者与回答者迟早能找到最大公约数，进而有效达成共识。

需要注意的是，运用总结型问题的前提是把对方的观点和已经掌握的信息真正梳理清楚，并且与对方的思维保持在同一频道上（换位思考）。否则，对方会认为你曲解了他的本意，反驳道：“我并没有说这样的话。”一旦出现这种纰漏，回答者对提问者的好感度将直线下滑，他们会觉得你头脑不清楚，根本不适合交谈，是严重时，甚至可能引发激烈的冲突。

因此，我们应该重点强化自己的总结能力，并在表达的时候注意调整。最好是在对方准备讲到相关问题时再顺势接过话茬进行总结，这样才能取得更好的效果。

非稳定型问题：缓解紧张对话气氛的巧招

读前思考

你是否遇到过这种情况——你回答了对方的询问后，对方没有马上追问原来的主题，而是根据你的回答随口问了一个近似“拉家常”的问题，然后才回到原本的话题上。你觉得那个“拉家常”的问题虽然跟主题无关，但是让你顿时轻松了不少。

这种让对话双方紧张情绪或对立关系稍有缓和的问题，就是非稳定型问题。询问专家玛丽安·卡琳奇对非稳定型问题的界定是：“可能与主题无关，可能是印证某人是否撒谎的一个侧面性或非关联性问题；它会让我们通过不同的问题逐渐接近事实真相，并促使对方敞开心扉谈及内心的真正感受。”

由此可见，非稳定型问题的主要特征是：与主题无关，能让对方放下戒心。它的“非稳定性”指的是话题的灵活性。也就是说，你可以灵活地寻找各种各样的话题来充当非稳定型问题，而不必紧扣需要询问的主题。说白了，非稳定型问题就像日常聊天一样想到哪里就问到哪里。

在常见的“好问题”中，非稳定型问题可以说是最特殊的类型。假如将其从对话中切割出来，它看起来很像一个独立的直接型问题。但非稳定型问题并不会被单独使用，必须与其他问题相互配合，穿插在其中。

一般来说，非稳定型问题主要用于调整节奏、争取时间、让回答者喘一口气，在对话中属于过渡性质的问题。我们在前面提到的直接型问题、控制型问题、持久稳固型问题、总结型问题等不同类型的问题，都能跟非稳定型问题形成良好的搭配效果。这些问题是你真正想问的内容，通常放在非稳定型问题的后面。

假如交谈氛围紧张的话，提问者可以在适当的时候抛出一个非稳定型问题，让回答者的思绪暂时脱离当前主题，松弛一下绷紧的神经。接下来继续谈论主题的时候，他们的态度可能就不会那么强硬了，而是开始重新审视你此前提出的重点问题。

比如，我们在讨论气氛非常紧张的时候，听到对方无意间提到了自己这两天身体不适的情况。在这种情况下，提问者可以顺势问候一下回答者具体是哪里不舒服，紧接着给出建议或者安慰，然后再继续讨论原先的话题。

非稳定型问题固然与主题无关，但跟回答者本人有密切关系。所以，他们通常都会很自然地作答，并且会认为提问者是个善解人意的好人，真正关心自己的感受。随着好感度的上升，紧张的交谈气氛就会缓和下来，这对问答双方的进一步交流大有裨益。

需要注意的是，我们提出非稳定型问题时必须态度友善，不可以提问那些有争议或有煽动性的问题。非稳定型问题的根本意图是调整对话节奏、促进问答双方之间的和睦关系，而有争议或有煽动性的问题只会让问答双方的神经变得更加紧张。

若使用不当，回答者势必会以更强烈的戒备心理来质疑你的动机，不信任你。在这种情况下，他们不会如实地回答你的询问，甚至可能变得暴跳如雷，最终让谈话不欢而散。

征求意见型问题：给别人一个充分表达的机会

读前思考

请回想一下，你上次向别人征求意见是在什么时候，问了哪些内容，用什么样的口吻提问的？再回忆一下，对方的回复如何，是不是充分表达了他的想法，或者没有说出你想要的信息。

征求意见是一种常见的询问方式。基本套路是提问者先简单介绍相关情况，然后再问对方有何看法。虽然不是所有人都有给出完美答案的能力，但是没有谁不希望别人虚心向自己征求意见。当我们提出了征求意见型问题时，就相当于给回答者一个充分表达自己真实想法的机会。哪怕对方出于某种顾虑没有坦率直言，或者谦虚地表示“没什么好意见”，但他们仍能感受到提问者的尊重，这无疑对促进人际交流有很大的帮助。

优秀的询问师自然是心有主见的，但他们不会狂妄到替别人做一切决定的程度。在处理重大事宜的过程中，询问师会集思广益，向大家征求意见。这是一种高情商的做法，而征求意见型问题就是最有效的沟通工具，所以它属于“好问题”的一个类型。

不过，人们在提征求意见型问题的时候也要讲究基本法。在征求意见的过程中，不恰当的询问方式依然会把“好问题”变为“坏问题”。有些提问者对这个隐患的重视程度不够，所以没能利用好征求意见型问题，一开口就让回答者反感。这种情况在生活中屡见不鲜。

比如，提问者在征求意见的同时表示，这些意见对最终决策没什么影响，这样一来，回答者将会瞬间失去回复的兴趣。本来征求意见就是一种表达尊重的行为，无论回答者是否能给出真知灼见，是否能提出影响最终决策的意见，提问者都应该抱着一视同仁的态度去征求意见。否则，就违背了征求意见型问题的出发点。

又如，提问者在征求意见的过程中当面点评谁的意见好，谁的意见坏，也是一种不妥当的做法。并不是说我们不该权衡各种意见的优劣，而是不该当众公开评论。这会让那些被评为“意见不好”的回答者沦为他人的笑柄，进而使他们的自尊心受挫，这与征求意见型问题的出发点背道而驰。

启发型问题：让对方学会自己寻找答案

读前思考

你是否遇到过这种情况——你迫切地想知道答案，但对方反过来提了一个让你不得不思考的问题，而在你回答这个问题后，他又抛出了一个新问题……就这样，你顺着对方的提问不断前进，领悟了自己想要的答案。

这种情况是不是有点熟悉？我们在前面提到的苏格拉底询问法就属于启发型问题。启发型问题是一种特殊的问题。常规的问题几乎都是提问者想从回答者那里获取答案，启发型问题却恰恰相反，提问者实际上不需要从别人那里获得答案，而是希望回答者自己思考自己提供的信息。在一定程度上，问答双方的立场发生了反转。因此，启发型问题常见于教学场合或咨询场合，主要由知识、经验、情报更丰富的一方提出。

启发型问题的主要功能就是引导对方进行思考。不少人将其与归入“坏问题”一类的引导型问题混为一谈，其实两者在本质上有极大区别。

引导型问题中已经夹带了“标准答案”，给对方带来了强烈的暗示作用，回答者往往会顺着问题中暗示的答案作答。启发型问题虽然同样强调引导方向，但是也仅仅是为回答者提供一个思考的方向，而不是暗示一个成型的答案。回答者并不会遵循单一的“标准答案”考虑问题，而会以开放的态度去寻找不同角度的答案。引导型问题会缩小人们思考的余地，而启发型问题却会拓宽人们思考的空间。所以说，把两者混为一谈是非常不科学的。

优秀的询问师心中有主见，但并不会把自己的主见强加于人。他们只是在用启发型问题提示线索，给对方指条路，但不直接带着他走，剩下的路都由回答者自己去完成。由于没有固定答案做参考，回答者自己领悟出来的答案往往是五花八门的，有的可能与询问师的认识不谋而合，有的则可能错漏百出，还有一种情况是意外地开辟了新领域。无论是哪种情况，启发型问题的作用均已经生效了，询问师也能从中得到教学相长的收获。

提问前的准备工作

如果你觉得询问像聊天一样想怎么说就怎么说，那么肯定会被别人当成低情商“物种”。哪怕是在私人闲谈的场合，也不应该不假思索地询问，否则很容易不小心触及对方的逆鳞，破坏交流氛围。假如你真有非常想问清楚的事情，就应该在提问前做一些必要的准备工作。比如，明确自己询问的目的是什么，了解对方的性格与好恶，确认该问题是否有必要提出，准备恰当的提问方式，设计好自己的语言风格，等等。优秀的询问师在提问前必然会像新闻记者那样梳理出一个询问提纲，以避免询问过程脱离自己的掌控。

想好询问的目的

读前思考

这个环节经常被人们跳过去，因为在大家看来，“询问的目的”无非就是获取有用的信息。但不知你是否注意到，有的人以证实猜想为询问目的，有的人以说服对方为询问目的，有的人则以寻找线索为询问目的，他们的询问目的之间存在不小的差异。

回答者最讨厌的事情之一，就是别人“随便”提个问题。比如，在正式的交谈场合提出不怎么严肃的问题，在非正式的交谈场合提出严肃的问题却又不在意回复，在某些场合心血来潮地“顺便问一下”。这些情况都会给回答者造成困扰。因为，提问者只是随口问问，如果回答者敷衍了事，就会被对方批评态度不好；如果认真对待，又会被对方说成是小题大做。

提问者不能不考虑回答者的感受。优秀的询问师通情达理，无论采取什么样的询问方式，都会力图让回答者感觉舒服。为此，我们应该摒弃那种“随口问问”的不良习惯，一定要带着目的去提问。这样既利于提问者锁定关键信息，又便于回答者搞清楚回复的方向。

巴尔多尼咨询公司的创始人、管理咨询专家约翰·巴尔多尼总结了7个常见的提问目的，具体内容见下表。

常见的提问目的

信息要点	提问目的
数据	我需要了解什么信息
专业性	我的水平是否足够专业
时间点	为什么我需要现在知道这些东西
对象	这个人 / 这类人是提问的合适人选吗
引申和判断	这个问题可能会带来什么样的后续影响
反应	面对相关答案时，我应该做出怎样的反应
态度	我应该用什么形式去提问

这些目的无时无刻不在影响你，只不过大多数时候都是潜意识行为。很多人还没把目的想清楚就直接提问，所以很容易导致提问要点与提问目标错位，令回答者因误解而答非所问。

因此，美国沟通专家乔治·汤普森博士指出：“目的，显而易见，是你的底线。你必须以专业的方式达到效果。如果你其他所有的地方都做对了，但是没有达到你原来的目的，那么你显然还是失败了。”

在询问之前，我们应该想清楚，自己是要吸引听众的注意力，还是要警示他们，抑或是想要吓唬他们?

我们应当把明确的目的贯穿于整个询问过程中。纵然其他所有方面的表现都差强人意，只要达到预期目标，就可以满意了。如果你真的在梳理观点、研究询问对象、改善说话音量和语气这几方面都下了功夫，你的预设目的通常也能顺利达到。

自我检查

阅读下表中的内容，选择你认为符合自身情况的描述，在前面的括号里打钩，每空1分。总分最高5分，最低0分。得分越高，说明你需要改进的细节越多，反之则说明你有较好的询问习惯。

（ ）	1. 我并没考虑过询问的目的，想到什么就问什么
（ ）	2. 我的询问目的很多，以至于不能确定哪一个才是主要目的
（ ）	3. 我有时候会提出违背初衷的问题
（ ）	4. 我喜欢“随便问问”，不喜欢太认真
（ ）	5. 结束对话后，我才注意到自己并没问到想要的信息

了解询问对象的特点

读前思考

我们询问的对象是一个个性格各异的生命，有着多种多样的特点。假如只是采取一刀切的方式来提问，就有可能错失很多有用的信息。因为对方可能会因为不喜欢你的问话方式而回一句“无可奉告”。

询问专家玛丽安·卡琳奇说：“人们不会完全接纳同一种询问方式，也不会用同一种方式去回答问题。”

由于每个人的性格差异很大，所以，有些人倾向于用一种让人舒服的方式去询问，另外一些人则用一种让人不舒服的方式去询问。与此相类似，有些人善于回避问题或者习惯于撒谎，有些人一旦欺骗别人则会感到压力倍增。其实，那些平时看起来很健谈的人，未必精通询问术。一旦遇到个性奇特的人，他们很难按照自己常用的对话套路让对方开口，最终变得不知所措。

原因很简单，你没把话说到别人的心坎里，对方自然也就不愿意敞开心扉跟你交谈。了解询问对象的性格特点，是提问前极为重要的准备工作。因为不同性格的询问对象的关注焦点不同。若是不能顺着其关注焦点进行提问，什么有用的信息你都问不出来。这门功课做到何种程度，体现了你询问水平的高低。

为此，询问大师吉米·派欧建议大家在提问前先利用梅尔斯-布里格斯性格分类法（俗称MBIT，是一种性格评估测试，常用于职业性格类型测试）来分析被询问对象的性格类型。

梅尔斯-布里格斯性格分类法是一种提升询问技巧的很好的认知工具，它可以帮助我们预先洞察某人可能会如何回答你的问题，预先了解你询问的人的性格类型，也可以提升你的询问能力和倾听能力。我们绝大多数人处于从一种类型到另一种类型的摇摆过程中。在不同的环境中，各种类型没有绝对的好与坏，任何人都可能成为一名优秀的询问者。

对于很多人来说，梅尔斯-布里格斯性格分类法比较复杂。日本沟通专家八幡纰芦史先生的沟通对象分类法更为简单实用。他把沟通对象分为3大基本类型：

• 感情优先型——他们听不听你的意见取决于当时的心情如何，对逻辑和利益没那么看重；

• 逻辑优先型——无论情绪和利益如何，他们更在乎你的话是否符合逻辑；

• 利益优先型——只要与自己的利益无关，无论怎样都不愿意接受你的意见。

针对这3种不同的询问对象，提问者应当注意区别询问重点。对于感情优先型人，你可以围绕情感方面的话题进行提问；对于逻辑优先型人，询问的要点是某件事是否具备逻辑合理性；对于利益优先型人，你应该从利害得失的角度组织问题。

总之，把握询问对象的性格特点是一名优秀询问师的必备工作。唯有在这个方面下足功夫，后续的询问才能事半功倍。

自我检查

阅读下表中的内容，选择你认为符合自身情况的描述，在前面的括号里打钩，每空1分。总分最高5分，最低0分。得分越高，说明你需要改进的细节越多，反之则说明你有较好的询问习惯。

（ ）	1. 我一般不会去调查对方有什么性格特征，想说什么就说什么
（ ）	2. 无论交谈对象是哪种性格类型，我只用同一种方式进行询问
（ ）	3. 我经常觉得跟对方无法沟通，但别人能跟他很好地交流
（ ）	4. 我只能跟与自己性格相类似的人好好交流
（ ）	5. 如果让我向性格迥异的人提问，我会感觉不知所措

确认问题的必要性

读前思考

每个人都不希望自己的时间被无聊的事情浪费掉，所以当别人提出的问题完全没有回答的必要时，很多人会感到不悦，甚至当场翻脸。那么新的问题来了，怎样才能确认自己所提的问题是否有必要性呢？

有些问题不需要提问就能搞清楚，有些问题自己稍微去查一查、想一想就能弄明白。假如你拿这些问题去麻烦别人，他们肯定会觉得你是不爱动脑的大懒虫和妄图不劳而获的“伸手党”。发达的互联网为人们提供了更广泛的信息来源，大家应该学会先思考，先尝试自己独立解决问题再提问。

美国学者约翰·R.斯托克呼吁大家学会谈论真正重要的事情。他说：“让你夜不能寐的事情才是真正重要的事情！你面对的任何问题都需要你的关注，比如，期望被违背，承诺或诺言被打破，绩效低下，责任感弱，难相处的人，态度不好，等等。你还面对所有个人关系问题，比如，金钱、性、健康、姻亲，以及其他竞争性问题，这些问题都会扰乱你的平静与和谐。”

所以，优秀的询问师通常只在力有不逮、时间紧迫、条件不足等必要的时候向他人提问。与此同时，他们会主动规避以下几种不宜提问的“不必要的问题”。

1．伤人的问题

任何贬低、藐视、羞辱、污蔑、恶意嘲讽的问题都会给对方造成精神上的伤害，它们可以统称为“伤人的问题”。哪怕对方跟传说中的布袋和尚一样大肚能容天下人所不能容忍之事，哪怕对方有着“泰山崩于前而色不变”的心理承受能力，提问者也不应该让伤人的问题脱口而出。例如：

“你的智商是多么低才会连其他人都懂的事情都学不会啊？”

2．个人隐私问题

在现代社会中，个人隐私信息的管理不当可能会经常被莫名其妙的推销电话骚扰，严重时甚至会带来灾难性的恶果。所以，当代人通常不愿意轻易透露隐私信息，只有信任的熟人才能得到相应的信息知情权。假如提问者与对方关系不够熟络，就应该尽量避免询问个人隐私。例如：

“你为什么要跟前女友分手呢？”

3．鸡毛蒜皮的无关问题

有些人因重视细节问题而被视为作风严谨的人，有些人则因为计较细节问题而被看作令大家厌烦的人。前者关注的往往是具有讨论价值的细节问题，后者关注的却是无关紧要的鸡毛蒜皮之事。试问，如果你是回答者，那么你希望听到不值得回复的无聊问题吗？例如：

“我觉得‘料不到’这个说法太奇怪了，你为什么不能改成‘没料到’呢？”

4. 缺乏评判标准的空泛问题

越具体的问题越有针对性，也就越有答复的必要性。具体的问题通常都会有比较明确的评判标准，空泛的问题则一般没有标准的答案。相比之下，后者肯定不像前者那么好回答。在紧急的情况下，回答者最讨厌提问者的问题缺乏针对性；在不紧急的情况下，他们也觉得讨论得不出结论的空泛问题是在白费唇舌。所以，空泛问题是一种典型的不必要问题。例如：

“为什么有的人讨厌吃芹菜却喜欢吃香菜？”

5. 宣泄抱怨情绪的问题

对于优秀的询问师而言，在提问时夹杂过多个人情绪是不明智的。特别是心里有怨气的时候，更加要避免被情绪左右。那种以宣泄抱怨情绪为目的的问题，容易点燃回答者的怒火，也让交流偏离了正常的方向。毫无疑问，这同样是破坏沟通效果的不必要问题。例如：

“你有什么资格对我指手画脚？”

6. 可能与你初衷相悖的问题

有时候，你提出的问题并不能体现自己的初衷，让对方误以为你另有所图，从而给出一个完全出乎你意料的答案。尽管你事后百般解释自己的本意，但对方根本不接受你的自我辩护。在他看来，假如你真的心怀好意，就不会用令人感到恶意的方式来提问。例如：

“你说自己离开上一家公司是因为团队内部钩心斗角，这是不是从侧面说明你的人际关系处理能力太弱呢？”

7. 带有偏见色彩的问题

偏见在生活中无处不在，再见多识广的人也难免会带有一些偏见，优秀的询问师也不例外。但是，询问师会留个心眼，尽量回避直接向别人提出带有偏见色彩的问题的情况。就算为了查明真实情况而提问，也会在提问时着重强调“我怀疑这个说法的可信度，所以向你求证”，以免让回答者感觉自己被冒犯了。例如：

“听说你们内蒙古人天天骑马上学，有这回事吗？”

8. 对方在短时间内回答不完的问题

提问者永远要牢记一点——回答者的时间不是无限的。我们在询问时必须给对方留下足够的思考时间，尤其是在交谈时间非常短的情况下，更要注意这点。对于回答者而言，当有人问了一个三言两语说不清楚的问题，而自己的时间又很宝贵时，只能选择放弃回答。这样一来，那个问题就成了不必要的问题。例如：

“请简单说明一下，为什么次贷危机会发生？”

9. 对所有事情都持片面评价的问题

当回答者兴致勃勃地阐述自己的想法时，最不希望听到的就是别人对他们粗暴的否定。假如对方在提问中对自己的心血做出了片面的评价，回答者就会很快丧失继续说下去的兴趣，再也不想回答任何问题。如此一来，交谈氛围会顿时僵住。所以，提问者要避免提出这类不必要的问题。例如：

“你不会只有这些不靠谱的意见吧？”

10. 歧义太多的含糊问题

假如你的问题需要重新组织语言再描述一次才能被大家理解，那么这个问题肯定存在过多的歧义。假如你发现回答者正在按照自己的思路回答时，那么这个问题一定存在含糊不清的毛病。这种令回答者感到茫然的含糊问题，显然是不必要的。例如：

“你觉得这种长期趋势意味着什么？”

11. 夹带另一个问题的复杂问题

有的人喜欢把两个问题嵌套成一个问题，还以为这样可以节省时间、提高效率。殊不知，这种夹带了另一个问题的复杂问题增加了回复的难度。回答者首先要在头脑中分辨清楚，你实际上提了两个不同的问题，然后再分别作答。例如：

“你打算什么时候推出新产品，以及为什么不能在竞争对手的产品上市前抢先发布？”

12. 具有负面含义的嵌套问题

把两种带有负面含义的问题嵌套在一起来提问，很容易把问题的逻辑关系搞乱。这种问题跟前一类不必要的问题有相似之处，区别在于这一类问题必定包含负面含义。回答者面对这种混乱的问题时很难做出清晰的回答。例如：

“你在报告上说因为配件发货延迟而无法按时完成生产任务，真是这样吗？其实是因为产品研发遇到了瓶颈而你们还没想出解决办法，我猜得对吗？”

13. 暗示回答者品行不佳的问题

在提问中质疑对方不说实话或者强调其存在弄虚作假的可能性，都会让人们的关注点从事情本身转移到回答者的品行问题上。尽管有些回答者的确品行不佳，但更多时候，这种问题只会误伤无辜，沦为不怀好意者污蔑他人的工具。例如：

“你居然连这个都不知道，难道你的硕士文凭是花钱买的吗？”

14. 为自己的提问做出过多辩护的问题

有些提问者想提出尖锐的问题，却又害怕被回答者责骂，于是在发问时加入很多自我辩护的内容，以强调自己的提问是迫于无奈且必要的。然而，恰恰是这种画蛇添足的行为反过来证明自己的尖锐问题缺乏必要性。例如：

“虽然我的话可能让你不爱听，但是无论如何我也得问清楚……”

上述14种问题在绝大部分情况下都是不必要提出的问题。我们在提问前应该检查一下，自己准备提出的那个问题是否包含在内。如果包含在内，最好换个问题。强行提问的结果，轻则得不到多少有价值的信息，重则被回答者厌恶。毕竟，谁也不希望因为不必要的问题浪费宝贵的精力和注意力。

检查提问方式的恰当性

读前思考

提问方式不仅包括语言表达形式，还涉及了提问的时间、场合，被询问对象的思想状态和情绪波动等因素。大道理很多人都懂，但在实际操作中总是用不恰当的方式进行提问。为什么会这样呢？

现代市场研究理论的奠基人之一、美国学者斯坦利·佩恩说："对于措辞的选择，最需要重视的地方就是，保证提问者想问的东西与回答者作答的东西一致。"换言之，提问者需要想办法让回答者理解自己的本意。当然，要完成这个意图并不是件容易的事。

提问者想问的东西与回答者给的答案能否保持一致，既取决于提问者的水平，也取决于回答者当前的状态。

回答者一旦精神不好、头脑混乱、身体欠佳、心急火燎，就会懒得理会任何问题。对他们而言，在这种情况下提问形同找茬。假如回答者处于一个不便发表评论的场合，提问者的问题很可能会让他们下不来台。也许，你的问题本身很有价值，若是回答者处于最佳状态且方便说话的情境下，就会乐于回答。可是现在，他们必定会回避交谈，以免给出不妥的回复。

除此之外，最重要的是，提问者要找出最便于回答者理解的表达方式。提问者说得清楚，回答者才能讲得明白。总之，只有充分考虑回答者当前的综合情况，我们才能用最恰当的方式提出“恰当”的问题。

所谓“恰当”的问题就是根据提问者的需要，在恰当的时间和地点，以恰当的方式提出来的问题。恰当的问题能够激发对方给出恰当的答案，所以它能给问答双方带来积极的影响。以下内容可以帮你判断一个问题是否足够“恰当”。

1. 问题的针对性

当你所提的问题与需要讨论的事情直接相关时，它就是一个恰当的问题。任何缺乏针对性的问题，都是盲人点灯白费蜡。

2. 问题提到的效果

即这个问题提到了对问答双方都有影响的某种效果。如果毫无影响效果，就是不恰当的问题。

3. 提问的原因

提问者需清楚自己为什么要提问，想弄清楚什么东西。这样提出的问题才是恰当的，有提出的必要性。

4. 问题与当前情境的匹配性

这个问题符合当前情境的需要，提问者不会因此背上“好高骛远”“脱离实际”“眼高手低”之类的指责。否则，会因此失去问题相关方的信任。

5. 得到答案后的应对措施

当提问者获得答案后知道该怎么做，这样的答案就是恰当的答案，引出这种答案的问题无疑是恰当的问题。

优秀的询问师会始终对询问方式高度重视，在发言前认真检查自己提出的是不是“恰当”的问题。正因为如此，他们才能受到各种回答者的信任，高效率地完成信息调查工作。

自我检查

阅读下表中的内容，选择你认为符合自身情况的描述，在前面的括号里打钩，每空1分。总分最高5分，最低0分。得分越高，说明你需要改进的细节越多，反之则说明你有较好的询问习惯。

（ ）	1. 提问的时候不考虑地点
（ ）	2. 提问的时候不考虑时机
（ ）	3. 提问的时候不考虑当前情况
（ ）	4. 提问的时候不考虑对象的特点
（ ）	5. 提问的时候不考虑自己想要得到什么样的答案

设计自己的询问风格

读前思考

同样的问题，用不同的语气和句式来说，效果会相差十万八千里。这也是平庸提问者与优秀询问师之间最重要的差别之一。我们必须在开口前扪心自问，自己平时的提问风格会被询问对象接受吗？

询问是一种语言的艺术，越是个性鲜明越有美感。优秀的询问师并不是在同一条流水生产线组装出来的标准化产品，而是各有各的语言特色，真可谓“登山千条路，同揽一高月”。询问与回答充满了互动性，让人眼前一亮的询问风格，更能激活回答者的智慧火花。诸子百家的无数经典都采用了问答体，有个性的问题与有特色的回答相互促进，才得以凝聚大量智慧的结晶。

每个人的询问风格与行事风格往往是一致的。美国管理咨询专家特里·费德姆总结了10种常见的询问风格，具体内容见下表。

常见的询问风格

询问风格	具体特征
中立者	语风理性、克制、放松，但不轻易下结论，不对答案与决策负责
威慑者	语风蕴含着压迫感，并且会配合肢体语言给回答者施加压力
调查者	像考官一样事无巨细地盘问回答者，不遗漏任何微小的信息
采访者	听取各方的不同意见，喜欢用开放式问题来搜集新的想法
质问者	把你和其他人置于对立的处境，非常在意回答者流露出来的态度
指挥官	像将军询问士兵一样高高在上、不容抗拒，一针见血地直指问题的核心
搜查者	如同翻箱倒柜一样提出一连串的问题，仿佛在搜查回答者隐藏的秘密
挑剔者	用尖锐的语气与吹毛求疵的措辞来引发争辩，以此表明自己的正确性
引导员	通过提问来引导对话与思考，让讨论不断深入下去
魔术师	隐藏真实意图，不按常规套路提问，引发回答者的好奇心与猜测

不同的询问风格具有不同的交流效果，但相对于五花八门的询问策略，提问者更需要用最直接、最吸引人的一句话表达自己想说的内容。最重要的一点是，提问者应当把自己的语言设定在一个合理的范围内；在提问时选择与你的意图相匹配的词汇；在传达信息时，语气的热情程度也要根据回答者的性格特征做出调整。只要做好了这几点，无论什么样的询问风格，都能让回答者甘之如饴。

准备询问提纲

读前思考

除了职业记者外，大部分人都懒得准备询问提纲。就实而论，很多鸡毛蒜皮的问题本身也不必这么讲究。但他们一遇到重要的提问场合就抓瞎，不知道该如何是好。那么，该怎样准备一个简明、有效的询问提纲呢？

我们应该先转变一个观点，即《超级询问学》能让你百战百胜。在现实生活中，任何沟通技巧都不能让你次次都成功。哪怕是最优秀的询问师，也有过无法让对方开口的窘迫。

对此，美国管理咨询专家特里·费德姆感叹道：“懂得如何在最恰当的时机，面对最恰当的人选，自如运用最恰当的问题，然后在说出你最想问的问题之后，收获你最中意的答案——要完美做到以上这些，真的算是一项极度艰巨的任务。”

提问者的目标无疑是让询问尽可能获得最好的效果。但是，我们不能指望每次问答和互动都能在成功的掌声中收场。所以，提问者必须制定一个适度的目标，然后再全力以赴。这样才会有所收获。

之所以要强调这点，是因为这个世界上没有百试百灵的询问提纲。提问者不应该幻想着能随时随地照搬一个完美的询问提纲模板，而应该领悟那些经过实践总结的基本策略，然后灵活运用它们。因此，在你准备提问前，应该围绕以下几个基本策略来设计询问提纲。

1. 识别自己所处的情境

提出问题的那一刻，你身在何处？明确这一点是最基本的询问准备工作。分清这是一个严肃的正式场合，还是一个轻松的非正式场合。注意在场的人，哪些是普通人，哪些是重量级人物。最重要的是，你在当前的情境中有没有提出问题的权力。如果现场的规则和秩序要求闭嘴，提问者也不能自顾自地发问，而只能另找机会。

2. 区分什么问题需要深究

通常询问是由若干个问题组成的，有的问题具备深究的价值，有的问题则无关紧要。这一步准备工作很关键，却在实际中经常被提问者忽略。他们不是忘了追问某些重要的问题，就是把那些鸡毛蒜皮的问题当成追问目标。而且，有的人在深究重要的问题时，总是选不对追问的时机或场合。询问效率又怎么可能高得起来呢？

3. 选择一条便于自己发挥的提问路径

这就非常考验提问者的天赋了。有的人天生就有敏锐的直觉，能找到适合自己的提问路径，通过追问某一问题来顺藤摸瓜，继续询问，进而掌握更多细节。假如有必要，他们能在适当的时候回到最初的问题，重新确定新的询问方向。但另一些人对此不得要领，总是生搬硬套地询问，结果偏离问题本身的焦点，最终什么有用的信息都没得到。

4. 回答者生气时的应对方略

当你提出尖锐的问题或者用提高嗓门的方式来提问时，回答者很容易感到尴尬或生气。如果对方生气了，就不会正面回答你的问题，而是跟你辩论争吵。这种争吵除了发泄情绪外，其实并没有太多的意义。因此，提问者需要针对这种可能性做预案，一旦回答者生气，就要及时解释、询问、重新定向，继续把控谈话节奏。

5. 排除无关紧要的问题

人们在提问前脑子里有很多想法，但真到临场时能说出口的问题并不多。有些提问者因为面对面的交谈而使压力增加，脑子一片空白，想不起来重要的问题，只是问了一些无关紧要的内容，没能达到目标。所以，我们在提问前应该好好梳理一下自己想知道的东西，然后排除其中无关紧要的问题，只保留有必要的问题。

6. 以收敛性问题结束询问

询问是一种充满互动性的沟通形式。提问者抛出问题后就自动参与到讨论当中。这种讨论可能是愉快地交换意见，也可能是没完没了地争辩。假如提问者不想也不需要继续讨论，就应该设法用收敛性问题来结束询问。收敛性问题并不会真正让问答双方达成一致，但它能对已经分歧多多的讨论进行总结，让双方回归到某个焦点以得到初步结论，或者明确彼此的分歧，并暂时搁置争议。所以，提问者要准备一些收敛性问题来避免无休止地讨论。

7. 虚心向对方求教

一般来说，你询问的对象不是在某方面的专业知识更在行，就是对某些情报掌握得更多。当然，“不耻下问”的情况也是普遍存在的。对于前一种的询问对象，提问者往往能保持较为谦虚的心态，像学生一样请教；但面对那些不如自己能干的人时，提问者会无意间流露出居高临下的优越感。为了避免这种情况，我们应该在提问前就把心态摆正。

8. 不要过多提问

有效的询问绝不是靠数量取胜的。提问太少固然会漏掉很多潜在的、有用的信息，但提问过多会让回答者感到为难。因为，你的问题越多，回答者思考答案的过程就越烦琐，而且可能缺乏足够的时间来充分回复。尤其是在公众场合，提问者没有多少时间给对方单独细聊的时候，必须把问题设计得少而精一些。

9. 分清什么时候该倾听，什么时候该打断

听完完整的回答是提问者的基本礼貌。遗憾的是，很多人在这点上做得不彻底。当对方正在思考和回答一个问题时，他们就迫不及待地抛出其他一系列新问题。这种持续不断的追问，让回答者无法好好解释每一个问题。此外，有的回答者讲话非常啰唆又缺乏重点，如果只是安静地听下去，就会平白浪费很多时间。这时候就需要提问者适当地打断一下，将他们引回问题的焦点。

10. 结束提问后不再纠缠原来的话题

当回答者回复完毕后，部分提问者会觉得可能还有更多的答案，于是继续纠缠之前的话题。这种行为会使回答者十分反感。毕竟，谁也不喜欢把已经说清楚的事情再重复说好几遍。所以，提问者在结束提问后不要再去想这个问题。假如觉得还有不明白的地方，就不要结束提问，而是先停顿一下，然后进行补充提问。

以上就是准备询问提纲时应当注意的10个方面。询问提纲就像一条公交车路线图，每一个问题都相当于一个公交站牌。当人们不知道公交车往哪个方向行驶，也不知道途中有几站时，心情就会变得不安。如果一开始就知道这趟车要坐几站，就算绕了点远路，人们也会心态平稳。通过询问提纲，提问者能注意到很多自己存在的问题，可以少走一些不必要的弯路。

不同场合的询问要点

根据场合的不同来调整询问方式是优秀询问师的基本素养，因为每一种场合都有其特殊性，开口前必须注意相关场合的要求。假如提问没有抓准该场合的需求要点，就无法问出有用的信息。这肯定会降低对话效率，并耽误我们完成具体目标的讲程。大体而言，在生活中，我们主要面对的是社交场合、销售场合、谈判场合、教学场合、紧急场合、司法场合和私人场合这7种基本对话环境。只要把握好这7类场合的询问要点，就能解决大部分日常生活的问题。

社交场合的询问

读前思考

现在，“社交恐惧症”这个词出现的频率越来越高。有“社交恐惧症”的朋友总是觉得自己在社交场合找不到合适的话题，遇到不明白的事情也不知道该怎样开口询问，害怕被别人嘲笑。

人们在社交场合中会接触到不少陌生人。假如没有朋友陪伴或者朋友暂时离开，你要么通过主动询问来结识其他人，要么安静而焦虑地等待活动结束。显然，后一种情况会让你感到时间被白白浪费，这一天过得非常乏味。

美国沟通专家苏珊·罗恩提出了一个“5分钟原则”，“5分钟原则”的主要内容是：“如果某人在与你交谈的过程中，在第一个5分钟内没有提出任何关于你的问题，那么，你该离开了。”这个有趣的沟通原则从侧面揭示了我们的不安——害怕自己不能引起对方的兴趣。

也许，你讨厌社交场合并不是讨厌在场的人，而是对自己的聊天技能抱有深深的疑虑。假如我们主动向陌生人提问，得到的却是不咸不淡的回复，自然不会有兴趣继续开展社交。换个角度看，“5分钟原则”是一个很好的检测手段，只要对方在第一个5分钟内反过来向你提问，就说明这场对话有希望延续下去。5分钟说长不长，说短不短。对于不善言辞的你来说，只要在这5分钟内坚持主动寻找话题，就能逐渐实现自我超越。

社交场合的询问其实非常灵活多变，没有什么标准的万能句式，但有一些东西值得注意。

有的人喜欢主动跟别人聊自己的情况，稍微问两句就能勾起他们的表现欲望。假如你觉得自己不善于提问，可以先从这类交谈对象开始尝试询问。但需要注意的是，我们在进行社交活动时，既要学会展示自己，又要表示出对对方所说话题的兴趣。假如你开口询问后没精打采地听对方说话，那么对方迟早会注意到你的淡漠，从而不愿意再继续交流。

另外，那些喜欢展现自己却不向你提任何问题的人，往往只顾说话而封闭了听觉，肯定是对你的事情不感兴趣。当你基本了解他们的情况之后，可以考虑寻找合适的机会中止对话。尽管你能从他们那里获得很多信息，但你不能只是扮演社交场合中的铁杆听众。毕竟，社交的目的是与他人交流，你的询问是为此服务的。对话不是自言自语，也不是演独角戏。若是不能形成互动，这样的社交询问实际上就无法起到应有的效果。

销售场合的询问

读前思考

许多销售员进公司后都会学到一套比较完整的销售话术，通过谈话模板来说服客户下订单。但是，不按套路出牌的客户无处不在。遇到这种情况时，谈话模板就失效了，销售员该怎样赢回主动权呢？

销售场合的询问实际上是一种客户服务行为。销售员通过询问来了解客户的当前需求，解决困扰他们的各种问题，从而促成交易。这是常理，但并不是每个人都贯彻常理。因为不少销售员只是依据公司培训的服务流程来照本宣科地询问客户，而没把注意力真正放在客户的需求和关注点上。毫无疑问，这样的询问已经本末倒置了，根本不可能起到积极的作用。

我们在前面反复强调，询问的根本目的是获取有用的信息。当销售员照本宣科地询问时，脑子里想得更多的是自己的询问有没有偏离销售问话模板，而不是顾客本身的情况如何。假如客户的情况比较特殊，超出了问话模板包含的情况，销售员的思考节奏就会被打乱。缺乏经验的销售员要么不知所措，要么硬着头皮继续按模板发问而不去认真听客户在说什么，结果让客户觉得自己未能得到应有的尊重，愤然离开。

优秀的销售员必定也是出色的询问师。当客户不按套路出牌时，他们就会把问话模板丢到一边，跟客户好好交流，引导对方说出更多真实的想法。他们的询问像跟朋友聊天一样自然，不会给人留下机械、生硬、照本宣科的印象。一般来说，销售场合常用的4类问题如下。

1. 状态问题

状态问题指的是用于了解客户当前状态的信息，这是大多数销售询问的起点。通过询问“状态问题”，销售员可以初步了解客户的状况，建立起信任感。不过这类问题的价值比较低，因为客户只是把自己熟悉的情况跟你说了一遍，他们被问太多会觉得隐私被侵犯。例如：

“您家里一共有多少人？做过什么投资理财项目吗？”

2. 核心问题

核心问题指的是客户希望解决的潜在问题，这将反映出他们的核心需求。当销售员谈及核心问题时，客户会敞开心扉告诉对方自己遇到的麻烦，想要什么，担心什么等信息。销售员可以根据这些信息来思考营销方案。例如：

“您现在对××的需求要紧到什么程度？”

3. 暗示问题

客户承认某个问题很重要时，销售员必须进一步询问为什么这个问题很重要。通过提问来引导客户发现那个问题所隐含的关键内容，从而促使他产生购买欲望，这就是“暗示问题”的用处。例如：

“假如您的电脑死机并一天都无法使用，会给您的工作带来多大的影响？”

4. 解决问题

当销售员完全掌握了客户的需求后，就可以用“解决问题”来引出自己的销售方案。于是，销售对话的焦点便从讨论问题转移到讨论解决方案的利弊上。当销售员提出“解决问题”时，交谈也将进入最后的高潮，离成交不远了。例如：

“先生，如果我们公司能够帮您解决刚才讨论过的麻烦事，您愿意听我解释一下吗？”

需要说明的是，上述4种问题层层递进、环环相扣，提问者不宜颠倒次序，否则会破坏销售对话的氛围。

谈判场合的询问

读前思考

谈判桌上少不了唇枪舌剑，双方都希望对方接受自己的提议，这就导致谈判经常陷入无谓的争执中。这时候，谈判高手会使用各种技巧来改变节奏，缓和气氛，比如利用询问打开局面。为什么询问可以打破僵局呢？

谈判双方都希望在谈判中获得更多利益，占据上风者会设法扩大战果，落于下风者会竭力寻找翻牌的机会。两种力量相互对抗，就容易让谈判进入僵持阶段。谁都希望对方在交易的关键点上做出承诺，但对方显然不会轻易同意你的提议。遇到这种情况时，常规的做法是正面阐述自己的理由，以图说服谈判对象。然而，你陈述的是你的逻辑，对方遵循的却是他的逻辑，双方很难从同一个角度看问题，于是很难谈得拢。

假如这个时候你抛出一个跟对方的切身利益密切相关的问题，他们就不得不停下前面的争论，思考关于新问题的答案。这相当于提问者主动换位思考，与回答者站在了同一个视角来看问题。回答者当然不会排斥站在自己的角度来深思熟虑，反而会顺着询问者给出的方向继续发言。如此一来，原本立场对立的谈判双方如同并排前进，矛盾有所缓和，离达成共识的终点就更近一步了。

提问者不应忘记，谈判是一个相互协商的过程。谈判场合的询问正是为这个根本目标服务的。尽管你提出的问题变相地否定了对方的反对意见，但只要能准确把握对方的真实需求和心理预期，就能令他们转变观念，与你讨论出一个彼此认可的结论。

询问专家玛丽安·卡琳奇强调："在所有的专业领域中，询问实际上是一条双行道。询问一个好的问题固然重要，但是在这种协商谈判的情境中，倾听对方提出的问题同样重要。"

优秀的询问师会从自己所听到的信息中寻找出有价值的线索，并判断这些信息的真实性和有效性，分析对方的真实意愿和态度，然后再决定接下来自己要说些什么。唯有经过这样缜密的思考，询问师才能达到最终的谈判目的——无论是教学、医疗、应急处理、赢得合同，还是决定放弃销售。

一般来说，谈判场合的常见问题如下：

"谁是有权做出最终决定的人？"

"目前是谁在负责具体的工作？"

"这次谈判的主要工作是什么？"

"你们什么时候能告诉我方结果？"

"你们希望在哪些方面考察我方的工作成效？"

"你们为什么会觉得我们是最佳的合作对象？"

"你们衡量这些工作成败的标准是什么？"

"这项工作对你们有什么意义？"

“这个项目对我们有什么价值？”

“谁将成为这个项目的最佳合作对象？”

“我们与这个最佳合作者共事时，需要多少经费？”

“我们与这个最佳合作者共事，能实现什么样的效果？”

“我们与这个最佳合作者共事时，应该派谁做我方代表？”

“这个最佳合作者要花多长时间来完成约定好的工作内容？”

“假如这个最佳合作者不能按期交货，该怎么办？”

“假如这个最佳合作者违约，该怎样处置？”

“有没有其他的潜在最佳合作对象可供选择？”

除此之外，在谈判场合中还有很多值得询问的具体问题。无论提问者怎样设计问题，都要坚持“以我为主、以我为本”的原则，不要被对方的提问牵着鼻子走。

教学场合的询问

读前思考

老师和学生可能是世界上提问最多的两种人。老师通过提问来检验学生是否掌握知识，学生通过提问来向老师求教。不善于询问的老师难以受到学生的真诚拥戴，不善于询问的学生将错失大量的学习机会，该怎样改变这种局面呢？

需要说明的是，这里的“老师”和“学生”包括各行各业的专业技能教育者与学习者。“老师”的定义不局限于校园里的教职工，“学生”的定义不局限于在校读书的孩子。关于“教学场合的询问”这一话题，都是以此为基础展开的。

我们在前面介绍的苏格拉底询问法，就是一种经典的教学场合的询问技巧。老师提出的问题充分地调动了学生的学习兴趣，并鼓励学生独立思考，自己去“发现”和“解决”问题。通过这种方式，苏格拉底将一步一步教会学生怎样去认识“客观事实”，怎样去创造性地解决问题。优秀的老师也应该这样做，运用一连串的提问来培养学生的认知能力，而不是直接考察他们是否背熟了标准答案。

遗憾的是，我们更多时候看到的是那些比较平庸的“老师”用问题去束缚学生们的思考能力。他们并没把提问作为培养学生智能的有力工具，而是将其作为灌输“标准答案”的辅助手段。这些老师的提问并不会让教学内容变得更有吸引力，学生也只是满足于死记硬背的过关方式，而懒得主动思考更深入的问题。

之所以会出现这种情况，归结于老师的观念问题。这些老师并非以建设性思维进行提问，而是以破坏性思维设计问题。

建设性思维延伸出来的是启发型问题。具有建设性思维的老师会像苏格拉底那样，通过提示线索来指引学生自己一步一步构建答案。建设性思维用的是加法，不断增加信息和认识的积累水平，实现从量变到质变的升华。

破坏性思维延伸出来的往往是我们此前说到的引导型问题。具有破坏性思维的老师会以引导型问题来限制回答范围，破坏掉其他的回答角度和可能性，让学生只能顺着他们暗示的唯一方向来理解知识信息。按照这样的思路教学，即使学生记的“标准答案”再多，也无法实现认知上的质变，即获得独立思考的能力。

为此，我们在教学场合中一定要坚持走建设性思维主导的询问方式，舍弃那种带有破坏性思维的询问方式。这样才能让学生从更多角度参与讨论，充分地吸收智慧的养分。

紧急场合的询问

读前思考

人们在生活中难免会遇到一些紧急的突发状况。在这种情况下，应急询问技巧及回答应急询问的技巧将成为我们摆脱危机的关键所在。假如你打算帮某人摆脱紧急状况，就必须用最快的速度抛出最直接的问题。那么，具体该怎么做呢？

当人处于应急状态时，会血压升高、心跳加速，头脑容易变得混乱，情绪也将出现较大的波动。如果陷入困境的人正在向你求助，十有八九会表现出慌乱的样子，也说不清自己现在是什么情况，需要怎样的帮助。此时，提问者需要做的只有两件事：一是在极短的时间里迅速问清楚关键信息，二是为受困者提供简明而有效的指导。这两方面都需要我们具备出众的询问能力。

紧急场合的询问遵循着一个基本原则——快速行动！提问者没有时间去从多个角度慢慢了解对方的信息，从容地做出判断，必须快速地抛出最直接的问题。唯有如此，才能在最短的时间里了解对方的处境，给出行之有效的指导意见。

由于事情发生在电光火石之间，人们的情绪正值最激烈的时刻，所以你不能奢望他们能像平时一样头脑清晰地按照你的建议去做。提问者必须收敛多余的好奇心，一边安抚对方的情绪并打探对其影响最大的信息，一边用心倾听对方提供的每一个信息。尤其是在求助者跟你电话联系时，你不能有半点多余的话，而要用直接型问题进行询问，让对方能一句话交代清楚自己的情况。

除了使用简洁明快的疑问句之外，紧急场合下的询问还应该注意控制好自己的心态。在询问对方的过程中不要代入任何个人评判的观点，而要抛开心中的偏见，仅仅就事论事。假如提问者以“你为什么要这样做”之类的质问语气来说话，或者提出模糊的问题和消极的问题，就会给对方造成更大的压力。要知道，紧急场合下的人们是很脆弱的，需要你帮他们解除压力，而不是增加那根“压死骆驼的稻草”。

此时此刻，提问者应当向对方真诚地表示你在认真倾听他说话，让对方从感情上相信你真的在努力帮助他。你要记录好对方提到的人名、地点、事物和事件，并设法问清楚这些关键信息中尚未被对方提供的内容。这些东西将帮助你迅速了解对方的状态并做出合理的判断。与此同时，你要注意避免把话题岔开到求助者并未提及的无关紧要的方面，不能引导他们掺和到别的事件中。

司法场合的询问

读前思考

随着法治社会建设的不断完善，我们在工作生活中遇到的法律问题会越来越多。不光是法官、检察官、警察、律师会接触到司法场合的询问，普通人在遇到涉法问题时也要搜集信息和证据。那么，应该怎样搜集对自己有利的信息呢？

普通民众大多没有经过系统的司法知识训练，所以法律意识通常比较淡薄。对很多新闻报道中的案件，大家都会带着天然的正义感与道德观去做评判，但得出的结论未必与法院的判决相符。之所以出现这种情况，是因为司法场合讲究的是程序与证据，而不是道德与正义感。为了让实际正义与程序正义更加相符，律师们必须把自己锻炼成优秀的询问师。他们的询问技巧对我们普通群众也颇有借鉴意义。

一般来说，敬业的律师都会在庭审期间全力搜集各种与案件相关的信息，以求寻得对当事人有利的证据。哪怕是替十恶不赦的被告人辩护，他们也会坚持这点，让自己的当事人获得更合理的判罚。律师主要的信息来源是当事人或证人的证词，包括现场口头证词或录音等不同形式的证词。由于当事人或证人存在说谎的可能性，律师必须学会从证词中发掘新的问题，这意味着他们必须把关注点从案件的表面经过转移到案件的核心上。

律师从证词中发现的问题，有助于打破案件审理的僵局，也能让审理工作陷入停滞阶段。验证当事人或证人的证词是否可靠，是司法场合询问的重中之重。

1987年11月16日发生的于双戈银行抢劫案曾经轰动全国。罪犯于双戈落网后，其女友蒋佩玲被公诉人以包庇罪的罪名进行起诉。被告蒋佩玲在审判员和公诉人的询问下承认了自己包庇男友于双戈的事实。但其辩护律师郑传本在事前调查中发现蒋佩玲对此案的侦破提供了重要线索，并不属于蓄意帮助罪犯，存在可以酌情减轻判罚的情节，于是在庭审过程中向她提了几个问题。

郑传本的第一个问题是："你从摔跤的地方到于双戈的家里，派出所的所在地是不是必经之路？"

蒋佩玲："不是。"

郑传本："是不是你从于双戈家去上班的必经之路？"

蒋佩玲："也不是。"

郑传本："那11月17日晚，你是自己走向派出所的吗？"

蒋佩玲："当时于双戈逃走后，去抓他的人（警察和于双戈的父亲等人）离他不远。我想于双戈肯定要被抓住的，因为害怕没有走回去，也没有到他家，只是在马路上来回走。后来碰到于双戈的母亲，就跟他母亲说了一句话，爸爸带着人去抓于双戈了。然后，我跟他的母亲一起走到派出所门口。当时我是这样想的，既然于双戈要被抓住，到派出所能讲清楚就讲清楚吧。由于便衣警察问我，我以为他是过路人，和我没有关系的，所以没有说。”

郑传本的第二个问题是：“当时你给于双戈的200元钱，是给他一人花，还是准备你们两人逃跑时共同使用？”

蒋佩玲：“是准备两人共同花用。既然我跟于双戈一起，逃跑后我当然也得用钱。”

郑传本：“你给他钱时，是不是已经知道他抢银行杀人了？”

蒋佩玲：“不知道。是他事后对我说的。”

郑传本的第三个问题是：“后来派出所把你叫去以后，一直到了公安局找你谈话，那是17日晚上，对不对？”

蒋佩玲：“是的。”

郑传本：“谈到什么时候让你回去的？”

蒋佩玲：“谈到18日上午11点左右吧。”

郑传本：“谈到18日上午11点左右让你回去的？”

蒋佩玲：“是的。”

郑传本的第四个问题是：“你回去以后，有没有做过妨碍公安部门侦破这件案件的事情？”

蒋佩玲：“没有。”

郑传本：“第五个问题，那么你有没有做过有利于公安机关查破此案或者促使于双戈坦白交代问题的事情？”

蒋佩玲：“应该说做过的。17日晚上到了虹口分局后，他们问我，于双戈有没有可能躲到我的亲戚家中，我把我的亲戚中，于双戈认识的，全部讲了出来，还告诉了地址。还有，24日晚上，上海市公安局的、我这个案子的承办人第一次来找我的时候，要我录个音给于双戈，说于双戈很牵挂我，同时要我做做他的思想工作。我就根据他们要我说的说了。当时，我讲的时候，生怕于双戈听不出我的声音，我特地把要说的话写在了纸上，我告诉承办人，你就把我的纸给他看，我的字迹他是认识的。”

郑传本的最后一个问题是：“被告人蒋佩玲，你最早下决心，要和于双戈‘要死死在一起，要活活在一起’，是什么时候？”

蒋佩玲：“是11月16日晚上，他说，他脑子里得了什么脑瘤，要死了，没有多少日子好活了，我跟他说，你死我也死，你活着我也活。”

郑传本：“那么当时，你还不知道他犯了抢劫罪，是吗？”

蒋佩玲：“是的。”

随后，郑传本的助手曹海燕律师立即向审判长示意询问结束。郑传本律师通过这几个问题让法官重新审视了被告蒋佩玲在案件中所起的作用。最终，法庭判被告人蒋佩玲犯包庇罪，判处有期徒刑三年。郑传本律师帮助辩护人得到了从轻发落的处理结果。

在上述案例中，虽然被告蒋佩玲一直如实回答法院审判员和检察院公诉人的问题，但对方的询问方式让她给众人留下了顽固分子的印象。特别是蒋佩玲在法庭上说的那句跟罪犯男友“死在一起，活在一起”的宣言，让大家认为她确实有包庇罪犯的主观愿望。

而郑传本律师的提问非常巧妙，通过询问蒋佩玲的回家路线和时间来表明她有积极报案的行为，还用第五个问题引导她证明自己“做过有利于公安机关查破此案或者促使于双戈坦白交代问题的事情”。最后，郑律师还追问蒋佩玲说那句有争议的宣言的背景情况，让大家意识到这句话另有含义，并不能证明她有包庇罪犯的主观意愿。可以说，这是一次非常精彩的司法场合的询问。

司法场合的询问，既讲究严谨性，又注重策略性。最重要的是，在这种场合下的询问，一定要带着“发现更多新问题”的目标去进行。因为，光是了解或核实某些信息是不够的，那并不能让提问者发现新的重要线索。而隐藏的新线索，往往才是司法场合中扭转局势的关键。这是提问者需要高度重视和反复练习的地方。

私人场合的询问

读前思考

私人场合的交流可以说是最自由、最容易流露真情实感的沟通方式。但也正因为如此，人们往往不重视研究私人场合的询问，不小心提出让亲人、朋友、同事、老师、同学等熟人感到难堪的问题。该怎样避免这种失误呢？

在私人场合中，人会比平时流露出更多的“真实的一面”。也许，大家在其他场合里十分重视礼仪与分寸，努力像教科书上描述的那样为人处世，仿佛戴上了一张面具；而在私人场合里，我们少了很多外在的压力，不担心自己辛辛苦苦树立的外在形象会崩坏，于是变得放纵胡为。对陌生人，你可能会小心翼翼地照顾其面子，唯恐说出无礼之言；但对于熟悉的同伴，你却高估其包容度与承受力，忘了他们同样有需要被呵护的自尊心。

正因为有如此麻痹的思想，有些人才会屡屡在私人场合的询问中受挫，把身边的亲友都得罪了。指出这个问题，并不是说我们在私底下也要装出一副好好先生的样子，而是应当学会不把自己的阴暗面施加于身边的友人。

不知你是否想过，询问其实是一个塑造自己的过程。

法国思想家伏尔泰说：“判断一个人，看他的回答不如看他所提出的问题。”因为，一个人提出的问题和提问的方式，会充分体现其学问、见识、品行、性格等特征。擅长询问的人总能提出令对方感兴趣的问题，从而产生深入交流的愿望；不善于提问的人则会一开口就让对方讨厌，不愿继续谈话。说白了，前一种人塑造的是“好的自己”，后一种人塑造的是“坏的自己”。

询问专家玛丽安·卡琳奇说：“在私人生活中，学会询问可以给你创造一些自然地与他人进行良好互动的机会，就像我在商店里的各种询问，往往会带来小小的惊喜……你可以询问对方在这一天中是否发生了一些不同以往的事情。在个人生活中，这些问题并不是质问，而是一种与对方建立友谊的工具。”请牢记这段话，然后向你打算结交的新朋友提问吧！

灵活多变的询问语言技巧

询问不是简单的回合制语言交流，并非所有人都会遵循一问一答的游戏规则。也许对方不等你把话说完就马上粗暴生硬地打断你，让你无法说出疑问；也许对方顾左右而言他，变相地拒绝回应；也许对方会用反问的方式把你变成回答者；也许对方会说出一个意外的答案，让你惊讶得不知该怎么继续说下去；也许对方干脆沉默不语，让你感觉自己仿佛在对着空气说话。无论遇到什么样的情况，提问者都要通过灵活多变的语言来打开局面，让询问能顺利进行。

开场白构建询问架构

读前思考

开口提问的第一句话让不少朋友感到为难。第一句话要是说得不好，不仅容易把提问方向带偏，还可能给询问对象留下不好的第一印象。那么，提问时的开场白是不是用“吃过饭了没”之类的套话就行了呢？

众所周知，开场白在演讲中至关重要。美国学者提出了一个“七秒法则”，其核心内容是听众决定是否关注你的发言只需要7秒。假如你不能在7秒的时间来吸引对方继续听下去，听众就不会有耐心去见证你进入最佳状态后的样子。对于询问而言，“七秒法则”也是同样有效的。甚至在某种程度上，询问的开场白比演讲的开场白更加不好设计。

演讲者准备的是既定的长篇大论，哪怕开场白稍微平淡，也有希望在后面扭转局面；而提问者无法绝对控制对话的走向，所以必须在电光火石之间抓住回答者的注意力，否则将失去提出下一个问题的机会。

优秀的询问师非常重视设计询问的开端，并且会设法使之形成一个“框架性结构”。因为，接下来的询问过程会朝什么方向演变是难以预料的。可能所提问题较为复杂，会引起回答者某种强烈情绪；可能某些提问会涉及其他不同的主题，让交谈内容变得比预想的更宽泛。假如能在询问的开端部分形成“框架性结构”，提问者就能大致上把握好整个对话的方向，避免回答者发言时漫无边际。

在说开场白的时候，切忌过分追求“效率至上”主义。因为，越是高效率的东西越直截了当，把人情味和其他东西统统排除了，往往会给人一种生硬的感觉。所以，除非是少数必须“效率至上”的询问环境，否则提问者开口的第一句话不要直接提问或给对方建议，而要先以友善的态度讨论一下对方提供的信息。有了这个铺垫，双方接下来的讨论才能更加自然。

这个小策略的优点在于能让回答者以更为轻松愉快的心情作答，从而给出一连串漂亮的回复。那些生硬的开场白则容易让回答者给出无效的回答，也就是不提供你想要的信息，而是跟你争论其他问题。

当询问构筑了一个合理的框架性结构时，提问者就能让回答者愉快地回复接下来的每一个问题。由于我们一开始就把对方置于充满积极情绪的氛围中，所以无论在后续询问中出现什么情况，都能较好地解决。

自我检查

阅读下表中的内容，选择你认为符合自身情况的描述，在前面的括号里打钩，每空1分。总分最高5分，最低0分。得分越高，说明你需要改进的细节越多，反之则说明你有较好的询问习惯。

（ ）	1. 缺乏开场白的铺垫，一上来就说事，没给对方充分的心理准备
（ ）	2. 开场白过于冗长，半天不能进入主题
（ ）	3. 开场白讲了一个大家都听烦了的老笑话，搞得场面很尴尬
（ ）	4. 开场白跟接下来的发言没有连贯性，可有可无
（ ）	5. 开场白过于低俗，令对方感到反胃

追问式提问的8种应用情境

读前思考

对于那些不爱闲聊的人来说，对方的追问是一种死缠烂打的恶劣行径；对于那些健谈的人来说，对方的追问是一个利于自己尽情表现口才的机遇。那么，我们应该怎样看待“追问”呢？

追问是一种常见的询问方式。它能让人们细致地梳理分析过程中的错误和表述过程中的遗漏，从而让交谈双方对主题越辩越明，得出更加可靠的意见。在优秀的询问师眼中，追问式提问还有一种妙用，即委婉而严谨地指出回答者存在的问题。相较于直接点明对方的错误，追问采取了旁敲侧击的策略，不至于让回答者因正面承受指责而暴跳如雷。通过对细节的追问，他们会意识到自己的欠妥之处，并加以改正；就算他们坚决不认错，其他旁观者也会搞清楚孰是孰非，提问者弄清是非真相的目的也就达到了。

然而，什么时候可以追问，什么时候不该追问，是一个令人头痛的问题。因为，并不是所有人都喜欢被他人追问。提问者应当避免无谓的追问，牢记以下8种追问式提问的应用情境。

1. 对假设性内容不理解时

对方在回答时可能会对某种事物的未来发展趋势进行假设，比如在预测某种新技术的应用前景时假设它将在未来市场中占据多少份额。在这种情况下，提问者自然不能盲目采信回答者的说法，而应该继续追问对方做出这个假设的依据是什么。这样可以进一步考察回答者说话内容的可靠程度，避免被其错误认识误导。例如：

“你做出这个假设的依据是什么？”

2. 对前一问题的回答不完整时

你很认真地提出了一个问题，而对方只是做了粗浅的回答，并没有分析得很透彻。这时，提问者可以再追问一下，让回答者更加详细地解释自己的看法。这样做的好处是能让对方对你刚才的问题引起重视，而不是一笔带过。例如：

“你刚才说的情况我不太明白，可以再详细说一下吗？”

3. 对方答非所问时

注意！有些回答者会把你提出的问题悄悄转换成另一个问题再进行回答。糊涂的提问者会忽略对方的答非所问，不知不觉地偏离了原先的话题方向。当然，回答者这样做并不一定是居心不良。他们可能是为了重新确定一个更合适的讨论方向，也可能是为了避免说出令人难堪的答案，还可能是对这个问题缺乏充分的准备。但是，提问者在回答者“王顾左右而言他”时应该发起追问，不让对方跳过这个话题。不过，需要注意保持平和的语气，不能把“追问”变成“质问”。例如：

“你说得有道理，但我刚才问的是另一个问题，为什么我们要做出那个决定？”

4. 需要确认参考资料和信息来源时

在比较专业的讨论会上，一个重要的追问方向就是参考资料和信息来源的情况。无论是哪个行业的专业人士，都应该凭统计数据和参考文献等专业信息来说话。而在这个时候，参考资料的科学性与消息来源的可靠性就变得至关重要了。无论你对发言者所持观点是欣赏还是质疑，都少不了要确认这个意见或假设是否符合客观事实，是否存在相互矛盾的情况。尤其是对方提供了很多细致的数据时，更应该认真追问一下，以免误信那些被刻意伪造出来的假数据。例如：

“你提到的这些观点有什么文献依据吗？如果我想了解更多信息，应该去哪里找比较可靠的参考资料呢？”

5. 需要确定信息提供者身份时

这种追问往往与前一种追问是配套进行的。在互联网社会中，信息越来越庞杂且真伪难辨。确认信息可靠性的一个有效的办法就是确认信息提供者的身份。相对而言，有正式专业机构背景的信息提供者给出的信息更加可靠，而隐藏身份的不知名人士大多是不靠谱的。假如不对此进行追问，就很容易上当。例如：

“你刚才展示的报告里的统计数据是谁提供的？”

6. 需要提到此前的交谈内容时

在交谈过程中，我们可能会涉及以前谈论过的内容。为了把这些相关内容与当前讨论话题结合起来，提问者应该进行有针对性的追问。这种追问的意义在于，让问答双方一同回顾过去的讨论内容，重新为交谈确立方向。假如回答者提到以前讨论的内容而提问者不去追问，就有可能出现对当前话题理解不到位的情况。例如：

“你昨天说过这款新产品的市场受众比想象中更复杂，可是为什么这份市场调研报告跟你的判断恰恰相反呢？”

7. 需要更深入地了解某个话题时

追问式提问的出发点就是更加深入地搜集信息，以求掌握更多情况。所以，当你觉得自己对当前交谈话题缺乏足够的了解时，可以用追问式提问来深入挖掘各种细节信息。比如，当前话题涉及某些专业知识时，追问相关专业人士有哪些需要注意的关键事项。可以说，所有学富五车的人都得通过不断地深入追问才能完成令人惊叹的知识储备。例如：

“你刚才的讲话中提到了美国名将巴顿和英国元帅蒙哥马利之间的矛盾，可以详细说说这两个人的事迹吗？”

8. 当参与讨论的人没有充分发言时

有效的决策离不开集思广益，但参与讨论者的性格、能力、态度各不相同，很可能出现一些人高谈阔论，而另一些人三缄其口的现象。沉默者未必没有想法，但他们出于某种顾虑，并不会将内心的真实意见和盘托出。为此，我们应该用追问式提问引导他们畅所欲言，以免错失值得深思的中肯的意见。例如：

“刚才其他人都说了自己的看法，你有什么需要补充的意见或好的建议吗？”

在以上8种具体情境中，我们都应该大胆、果断地使用追问式提问策略，而不能满足于那种浮于表面的粗浅交流。而在除此之外的情境中，追问式提问不一定是最佳策略，可能会让回答者感觉有压力，甚至厌烦对话。把这些情况区分清楚，你的追问就不会令对方感到唐突了。

在询问中深究的13个关键点

读前思考

深究是一种重要的询问策略，比追问的力度更进一步。但有的提问者不知道哪些问题真正有深究的价值，而把时间和精力用在了无关紧要的琐事上。这显然无益于我们问到有用的信息，该怎样解决这个问题呢？

一般情况下，人们很少在提问中穷根究底。因为这既会给回答者带来更大的压力，也会让提问者投入更多的精力。除非十分必要或者确实很感兴趣，否则提问者往往会止步于一两个追问，然后见好就收。而大家在工作或学习的过程中却不应满足于浅尝辄止式的询问，否则必将阻碍我们提高自己的水平，至少会让我们错过某些关键的信息。

作为追问式提问的升级版，深究式询问的技巧性更强。有的人误以为深究就是只盯住一个细节穷追猛打，这个认识误区大大削弱了这种询问策略的功效。其实，深究式询问不必把讨论焦点局限于单一的主线上，而应该将其作为一种有深度的调查研究手段来使用。为了更好地获取有用的信息，我们在询问过程中可以针对以下13个关键点进行深究。

1. 发现违背基本常识的内容时

有些回答者经常“满嘴跑火车”，吹一些违背基本常识的牛皮，这类回答完全不能当真。一般来说，戳破对方的吹牛会伤害其面子，容易与其交恶。但是，在某些正式的交谈场合中，任由对方胡说八道，既浪费时间又耽误正事。当提问者出于责任心不能不较真时，可以通过深究式询问来指出对方的常识错误，然后把讨论拉回到符合基本常识的正常轨道上。例如：

“你说自己能出一道连数学家陈景润都做不出来的世界级难题，那么为什么你做大学生的线性代数考卷的成绩连及格线都达不到？”

2. 提及联系不上的专业人士时

有些资料可能来自已经去世的专业人士的研究成果，由于那些研究成果的可靠性无法直接向本人验证，所以，我们只能去深究有没有其他的专家或途径，从而去获得可靠性更高的参考资料。通过深究式询问，提问者可以联系到与已故专家关系密切的亲属，或者在该领域具有权威水准的其他专家，进一步找到想要的答案。例如：

“你刚才提到的专家今年2月刚过世，还有没有其他的推荐人选呢？”

3. 回答者“顾左右而言他”时

回答者无视你一直追问的问题，故意用回答别的问题来躲闪，这样的现象在生活中也是屡见不鲜的。遇到类似情况时，提问者可以考虑把追问模式切换为深究模式，穷根究底地询问对方。回答者逃避正面回复，一定存在某种顾虑。所以，我们在深究时要注意保持客观的态度，而不要在问题中夹杂个人情绪和主观判断。通过深究式询问，掌握各种事实，查明真相。在此过程中要特别注意不要上当，回答者可能以一个偏离正题但让你感兴趣的答案做诱饵，引诱你去追问新的问题。例如：

“你还记得我刚才问的是什么问题吗？”

4. 答案不够完整时

回答者因能力短板或时间有限而压缩回复内容，就会导致大量细节信息被忽略。这很容易让我们只得到随时可见的无效信息，而无法接触到问题的实质。特别是当回答者试图掩盖自己的某些失误时，就会避重就轻、含糊其辞，只告诉你一个掐头去尾的消息。有经验的提问者会察觉到信息被断章取义的可能性，于是展开深究式询问，以便探明实情。例如：

“你列举的反败为胜的案例的确很吸引人，但我还是希望你能告诉我为什么本来有利的局面演变成现在的困境？”

5. 信息自相矛盾，出现事实性错误时

自相矛盾的信息令人无所适从，事实性错误则会直接影响最终结论。所以，当这些情况出现时，提问者非常有必要深究下去。不光要理清这两类错误，还应该深究出现错误的原因。需要指出的是，并非所有的矛盾内容和事实性错误都是一个人的责任，由于这些信息往往来自多个不同的参考资料，各方资料本身也存在分歧。如果不进行深究式询问，我们就很难查明低级错误产生的根源，也就无法有效避免犯错。例如：

“你昨天跟我说准备选择A方案，现在却说B方案更有价值，能不能给我解释一下你到底是怎么想的？”

6. 出现跟问题不相关的答案时

这种情况与“答非所问”存在区别。跟问题不相关的答案通常是由于回答者思路不清晰，说话讲不到重点上。提问者要做的就是设法让对方明白，他说的内容跟问题毫无关系，而实现这个意图的主要手段就是深究式询问。深究答案跟问题不相关的原因，让对方注意到自己的失误，并引导他做出改正。例如：

“我问的不是你家汽车的牌照号码是单号还是双号，而是你今天为什么姗姗来迟？”

7. 答案模棱两可、存在歧义时

模棱两可的答案采取的是包含多重含义的表达方式，这就会造成提问者与回答者对同一句话理解不一样的情况。假如对方说话故意兜圈子、迟迟不说结论、描述含糊其辞，就是提问者需要进行深究的信号了。用直接型问题限定答案的具体含义，让对方只能在“是”与“不是”之间做出取舍，可以有效避免歧义的出现。例如：

“你说五六月的时候就会有消息，那么我想确认一下到底是五月有消息，还是六月有消息？”

8. 缺乏支撑答案论点的事实和证据时

有时候，对方提供的答案只是一个简单粗暴的结论，而缺乏事实和证据来支持。这样得出的结论显然是无法令人信服的，或许确实存在问题。在这种情况下，提问者必须果断深究相关事实和证据，以确保回答者的观点足够可靠，否则十有八九会在后续工作中留下隐患。例如：

“有没有人来解释一下‘2016年我国人均图书阅读量为7.86本’的数据是怎么统计出来的？”

9. 答案揭示了回答者的内心诉求时

某些回答者的话里包含着“我希望能这样”“但愿如此”“如果能……将让我们感到非常荣幸”之类的描述。提问者应当重视这些细节，顺着这些线索深究回答者的内心诉求。沟通是一个各自表明心迹的过程，提问者对回答者的愿望了解越细致，对后续交流就越有利。例如：

“你刚才提出的期望很高，不过，你有没有想过目标不能实现的可能性？”

10. 对方频繁使用夸张的描述时

有的回答者喜欢虚张声势，频繁使用夸张的修辞手法。这对提问者的分析辨别能力提出了较高的要求。回答者的夸张描述是确有其事还是自吹自擂，不弄清楚的话就可能会让你做出错误的判断和决策。为此，我们应该通过深究式询问进行验证，排除答案中的水分，以免被虚张声势的回答者带偏了方向。例如：

“你刚才说自己接一单案子的诉讼费就有200万，那么请具体说一下是什么样的案子能赚那么多钱？”

11. 遇到“没有正确选项”的答案时

这是一种非常棘手的特殊情况。因为，你此刻处在只有两个答案可以选择的情境中，偏偏这两个答案都不是你心中认可的“正确选项”。面对这种困境，我们可以利用深究式询问来了解更多的情况，找出问题产生的根本原因，再确认一下是否确实“只有两个答案可供选择”。这样做的好处是，可以避免自己错过一举摆脱困境的机会。万一真的没办法，也能让提问者痛下决心二选一。例如：

“这件事还有没有被我们忽略的其他可能性？”

12. 答案尚未触及问题的实质时

回答者有时候并没察觉到你提问的根本意图，只是按照问题的表面意思进行回复。这种浅尝辄止的答案显然不能满足你的需要。面对这种情况，最有效的深究手段是先阐述回答者已经确认的部分，然后再对那些未经证实或缺少充分论证的内容进行深究与考证。通过反复深究，提问者就能越来越接近问题的实质了。例如：

“你刚才的回答很有意思，但是不知你有没有考虑过另一种影响因素？”

13. 你的直觉感到有疑虑时

人的直觉是一种难以说明的东西，它并不总是可靠，但有时候能指引你发现大家所忽略的问题。提问者可能会遇到这样的情况：对方的答案看似可以自圆其说，但你心头总有一种隐隐约约的违和感。这时候，不妨相信你的直觉，顺着自己心中的疑问深究下去。尽管直觉不一定会让你一下就看出问题的关键，但在消除这种不踏实感的过程中，你会搜集到更多有价值的提问线索。例如：

“你的话不无道理，但我隐隐约约感觉哪个地方不太对，可以再解释清楚一些吗？”

上述13个关键点，在谈判对话中十分重要。如果在这些方面敷衍了事，就会产生很多不必要的隐患。因此，优秀的询问师会将其牢记于心，然后积极采用深究式询问来打开局面，以求获得更多、更准确、更有价值的情报。

高风险难题的询问技巧

读前思考

有一些问题是难以回答的，因为那会让回答者感到不舒服。假如提问者提出此类问题，就不得不承受得罪人还问不出答案的风险。这可能是询问学中最复杂的内容，但真的毫无办法吗？

只要不是怀有恶意，提问者一般不会向别人说出那种令人不舒服的问题。大家不是誓不两立的敌人，没必要给对方心里添堵。而且，一言不合就会带来难以预料的麻烦，让人不得不付出更多精力去修复关系。可是，有些难以启齿的问题是特定情况下必须提出的，否则会耽误更重要的事情。

这种令提问者左右为难的局面，在工作和人际交往中并不罕见。沃顿商学院的管理咨询专家特里・费德姆对此研究颇多，他指出："明知道会引起某个人不适，还要向他问出这个问题。这样做是否妥当呢？我们都会下意识地这样想，然后开始犹豫该不该问那个问题。这是一种很自然的反应。因此，管理者碰到这种情况的时候，首先应该牢记这个道理，当你需要问对方一个难以启齿的问题时，你只是要‘完成你的工作’而已。”

的确，大家更担心提问会带来人际关系恶化的风险，而忽略这个问题本身的必要性。假如充分权衡各种风险，恐怕提问者最终还是不得不使用那些高风险问题。当然，为了改善提问效果，我们必须在开口前做足准备。

询问师必须牢记的五大沟通原则

乔治·汤普森博士经过多年悉心研究后，总结了全世界都适用的五大沟通原则：

- 无论来自什么文化背景，人们都希望被尊重；
- 所有人都希望被好声好气地询问，而不是被颐指气使地命令；
- 所有人无论是在被询问还是在被命令的状况下，都希望能得知整件事的来龙去脉；
- 所有人都希望自己能有主动权去做出选择，而不是被威胁；
- 如果第一次做错了，所有人都希望能得到第二次机会来纠正自己之前的错误。

常用的难题提问策略

常用的难题提问策略

难题类型	应对技巧
对方援引的数据不正确	用怀疑数据准确性的问题进行提问
对方的结论存在谬误	用假设性问题进行提问
对方的资料可信度低	追问参考资料的来源
对方给出了违背常识的答案	追问结论产生的原因
对方坚持声称遭遇了不可能发生的事情	用假设性问题进行质问
对方固执己见，死活不肯让步	追问对方这样做的理由
对方的观点充满偏见	直接询问对方为什么会有这种想法

询问高风险难题的注意事项

• 不要害怕别人对你抱怨，你应该在需要的时候大胆深究更多问题。例如：

“你们现在抱怨的事情，其他部门通常是怎样处理的？”

• 不要对可能存在的疑点视而不见，要敢于打破砂锅问到底。例如：

“我们真的把那件事情的真相全部调查清楚了吗？”

• 灵活运用开放式问题，问清相关的事实、真相、观点和人们的选择。例如：

“为了弄清楚真相，我们能不能先回到第一个问题上？”

• 在提问的最后对关注焦点进行最后的深究。例如：

“这个情况我已经了解清楚了，你还有没有其他想说明的事情？”

• 使用总结性问题来结束整个询问。例如：

“你对这个处理结果还感到满意吗？有没有其他的疑问？”

让挑战式提问不沦为导火索

读前思考

你不可能永远赞同别人的观点，哪怕志同道合者也有被你质疑的时候。这种基于质疑的提问就是挑战式提问，它会挑战回答者的权威、合法性和耐心，但优秀的询问师不会让挑战式提问成为引发冲突的导火索。

挑战式问题的提出，意味着双方的分歧公开化。接下来的节奏，往往是一方彻底说服另一方，或者回答者从此与提问者决裂。于是有的提问者拼命压制住心中的困惑和焦虑，不敢正面提出自己的疑问。对他们而言，挑战式提问可能会让自己失去所有的回旋余地，所以，有多远就躲多远才好。

问题是，那种为了维持表面上的“一团和气”而回避提问的做法，离优秀询问师的境界还差得远。一种常见的认识误区是：提问者必须每时每刻做到不惹火回答者，不应该提那些挑战式问题。事实上，最优秀的询问师也难免会因为提出反对意见而激怒回答者，但是他们依然会冒着风险去提问。

正如管理咨询专家特里·费德姆所说："如果预感到要问的问题可能会引起一些人的抵触、争议，那么关于提问的经验法则是：考虑一下哪些事正在紧要关头，然后想想风波可能会有多大，以及如果不提这个问题，后果有多严重。"

责任感促使询问师提问，但他们也不是完全不讲究方式方法的莽汉。特里·费德姆指出："只有让人们感觉到，提问者仅仅是针对事情本身的真相，而不是质疑与事情有关联的具体某个人时，挑战才能避免带来冲突。"

人们在压力下往往会变得不讲逻辑，所以对讲道理这个方式的运用，有一个基本的原则：永远不要对心烦意乱的人使用它。首先你得让人们平静下来，再试着使用逻辑跟他们讲道理。记住，人们在承受压力的时候，反而最不愿意去听"常识"。

想要在避免无谓冲突的前提下完成挑战式提问，一个有效的办法是使用"假如……怎么办"的提问方式。"假如……怎么办"的句式虽然也是一种挑战式提问，但是它避免了直接否认对方的观点，而是通过假设的情况来验证对方观点的准确性。

在对方给出答案后，我们可以按照以下顺序继续进行说服：

首先，一定要认同对方的担心，没有人会去驳斥一个同意自己观点的人；

其次，向对方指出听从你建议的好处，并强调一些对方绝对无法反对的东西；

最后，告诉对方，如果真的认同你的说法，就必须接受你的建议。

需要强调的是，提问者必须保证自己所说的每一个字都是真的，只有这样，才有利于对方接受你的最终建议。

听到意外答案的询问方法

读前思考

意料之外的答案总是让提问者措手不及，一旦应对不当，就会激化矛盾。大部分人都无法在瞬间很好地应对这种突发情况，而会使头脑瞬间陷入一片空白的状态，结果导致对话无法顺利进行下去。你有过这样的经历吗？

提问者通常不会知道回答者将提供什么样的答案，但会在心中划定一个范围，正所谓“意料之外，情理之中”，只要答案没超出这个范围，哪怕是前所未有的奇思妙想，提问者也能坦然接受。假如答案脱离了这个范围，提问者预定的思路就会被彻底打乱，不得不花时间重新整理。由于时间紧迫或过于惊讶，提问者会半天调整不过来，无法再继续跟对方交谈。到头来，什么有用的信息都没弄清楚。

不按套路出牌的回答者固然令人感到头痛，但也不是毫无应对办法。提问者依然可以利用提问的方式四两拨千斤，把对话重新带入“情理之中”。

这种策略的要点在于：你不要盲目地应对对方的“意外答案”，不要对他的话直接做出任何积极或消极的评价，而是利用一些问题来了解原因。为了让自己重新回归“心中有数”的状态，你可以从以下几个方向来组织问题。

1. 把信息清零，重新回到询问的原点

意料之外的答案本身可能论据扎实、条理分明、内容清晰，你听得明明白白，也理解其中含义，只不过由于超出了自己的预想而一时难以接受。这时，请赶快把它全部忘掉，仿佛自己没有听到刚才的话，然后，让回答者再复述一遍自己的观点并加以解释。这样做的用意是让提问者多一个缓冲时间来消化意外答案的字面意思，进而从震惊的心理状态中走出来，恢复冷静和镇定。提问者如果急于回复意外答案，肯定会因为准备仓促而无法妥善应对，所以很容易出现纰漏甚至误会。为此，先清空头脑，把对话重新拉回询问的原点，一切从零开始，就有了辗转的余地。例如：

“你刚才说什么？能再说一遍吗？”

2. 努力探寻事实，避免不必要的心理对峙

当人们碰到意料之外的突发情况时，情绪难免会有波动。提问者通常会对打乱自己计划的回答者感到十分不满，言谈之中会带上负面情绪，跟对方心理对峙、暗暗较劲。毫无疑问，这将使得问答双方的关系变得更加紧张。其实，提问者在这个时候不应该把注意力放在生气上，而应该努力去追问事实。假如你充分了解了对方的情况，也许就会理解他的选择，觉得“意外之事”其实不足为奇。注意，在追问事实的过程中应该避免使用“你为什么……”“你怎么可以……”“你可知道……”之类的表述，可以直接使用“怎么”“什么时候”“在哪里”“谁”“有多少”之类的疑问词。因为加上一个“你”字后，对方会觉得你在用强调的语气指责他，从而产生强烈的对立心理。例如：

“这是什么时候发生的事情？具体是怎样发生的？造成的损失有多大？我们应该跟谁联系？”

3. 仔细询问原因，注意照顾对方的感受

弄清对方为什么会给你一个意外的答案，是应对变数的关键环节。在询问过程中，应该学会换位思考，注意照顾对方当下的心情。就实而论，回答者在你兴致勃勃地提问时突然泼一盆冷水，并不会因此产生恶作剧得手的快感，很多时候恰恰相反，他们也会对提问者抱有一丝歉意。更重要的是，回答者在给出意外回复的时候，依然希望被大家理解和体谅。如果提问者以考虑别人感受的方式进行询问，回答者就会推心置腹地作答，而不至于使双方的关系变得很僵。否则，很容易闹得不欢而散。例如：

“我想知道为什么你现在要做出这个决定？为什么要选择这种方式来解决问题呢？”

4. 做足准备再逐步处理突发情况

了解了对方的处境和想法后，你应该已经完全冷静下来了。接下来，你要做好谈心的准备，与那个给你意外答案的人进行充分的讨论。假如你多提几个合理的问题，指出其中的风险，也许他们的内心会产生动摇，最后放弃那个让你吃惊的意见。所以，提问者在提问时应该加入一些对自己的反省。也许，你一点错都没有，问题出在对方身上，但你应该摆出勇于自我批评的态度，以此可以缓解双方的尴尬气氛。做足以上准备才能为逐步处理突发情况打下良好的基础。例如：

“我是不是有什么地方考虑得不够周到？你能让我知道究竟是哪里出了问题吗？”

一般来说，按照上述4个步骤进行询问，就能比较妥善地处理那些意外的答案了。做到这点的关键在于：保持一个积极的心态。

美国沟通专家杰里·詹金斯在《柔软对话》一书中指出：“在语言柔道中，无视一个问题等同于抗拒这个问题。即使对方提出一个讨厌的问题，也不要去回避它，而是尽可能地去理论，并且找出解决办法。”

没错！对方说出口的意外答案，相当于给你提出一个棘手的问题。如果有人做了这种事，请你不要将其拒之门外，学会正面回应他。你需要做的，就是把他们给你制造的麻烦视为良机，利用提问技巧来好好地了解情况，弄清对方这样做的理由。合理的询问能让他学会从你的角度看问题，而你也能利用这次机会去教育一个人，得到回答者的尊重，让他对这个问题的理解更深。这样一来，回答者就不会在理亏的时候怨怒满腹了。

多用“为什么”，慎用“怎么能”

读前思考

“为什么”和“怎么能”都是疑问句中的常用句式，但两者隐藏的意思与应用效果相差甚远。遗憾的是，不少人并没意识到“为什么”和“怎么能”之间的差异，因而，在询问的时候招致回答者的不满。

让我们来想象一下，坐在你对面的先生/女士突然说“你怎么能……”时，你心中的第一反应是什么？大多数人都会觉得自己遭受了质问和指责，面子上挂不住。无论对方指出的问题是否确实存在，你都会觉得他对你太不客气了，简直是吹毛求疵、尖酸刻薄。但往往有时候，对方并不是真的想把你批倒批臭，只是询问语气太着急了，在客观上带有贬损和嘲讽的意味。

无论提问者本心如何想，“怎么能”3个字本身都带有明确的否定色彩。当人们用这种句式开头询问时，就已经有意无意地把回答者定位为批判对象了。假如你的询问不是以批评为目的，就不宜采用“怎么能”的问法。

不然会给人带来先入为主的负面印象，更妥当的处理方式是用“为什么”来开头。

我们来举例对比一下“为什么”和“怎么能”两种句式的具体效果，具体内容见下表。

“为什么”和“怎么能”句式效果对比

为什么你会支持这个意见？	你怎么能支持这个意见？
为什么你会这样想？	你怎么能这样想？
为什么你觉得这是最佳的选择？	你怎么能认定这是最佳的选择？
为什么你要申请增加经费？	你怎么能申请增加经费？
为什么你要跟他握手言和？	你怎么能跟他握手言和？

通过比较不难发现，前一组疑问句比后一组疑问句的语气要让人舒服得多。

当我们用“为什么”进行提问时，心中想的是迅速找出所见所闻之事背后的原因，而不至于把关注焦点放在指责对方上。所以，这种疑问句带有稍弱的感情色彩，除非后缀是情绪化的描述。只要提问者抱着就事论事的态度去说话，就不会让“为什么”开头的问题带有讽刺和威胁的意味。

因此，优秀的询问师更多使用“为什么”的句式来发问，而对“怎么能”的句式持慎重态度。这样做的最大好处就是能让对方心平气和地答复你，不至于带着负面情绪发牢骚。记住这个经验，你遭遇的争执会少很多。

自我检查

阅读下表中的内容，选择你认为符合自身情况的描述，在前面的括号里打钩，每空1分。总分最高5分，最低0分。得分越高，说明你需要改进的细节越多，反之则说明你有较好的询问习惯。

（ ）	1. 遇到问题时，总是喜欢先追究别人的责任
（ ）	2.“你怎么能犯这种傻呢？”是我的口头禅
（ ）	3. 我觉得“为什么”不足以表明自己的态度，于是喜欢用“怎么能”来发问
（ ）	4. 我认为把质问的语气加重一点才能起到让对方警醒的作用
（ ）	5. 我认为不喜欢被问“你怎么能……”的人都是“玻璃心”

对方没有立即回答可以这样继续提问

读前思考

也许你经常会遇到这种情况——你态度友好地提出了明确的问题，对方却没有立即给出正面回答，不是支支吾吾，就是直接说别的事情。不善于提问的人会因此变得不知所措，无法继续进行沟通。优秀的询问师又是怎样做的呢？

沉默的回答者如同足球场上的密集防守阵型，又如同战场上的乌龟阵，很难取得突破。他们不会给你什么有用的提示信息，也不会直接表示“对不起，这个问题我不想回答”，而是以不变应万变，仿佛一块在激流中不动不摇的顽石。任何提问者都会对此感到棘手。

美国沟通专家约翰·R.斯托克先生指出，这种沉默的应对方式实际上是一种逃跑反应。我们的“潜意识”运行着一种“保护性无逻辑”的机制来保护我们的自我意识和自尊心。当我们大脑的这些部位掌控对话的时候，就会出现各种问题。

如果我们没有做好回答的准备，潜意识就会做出保护我们的反应。这会让我们的想法突然脱口而出，并伴着一些情绪和非语言行为。这样的对话显然无法体现我们的最佳意图。因此，在对话中，缺乏准备会导致战斗或逃跑反应。

“逃跑”或消极的沟通者通常更感兴趣的是，怎样让自己摆脱不想面对的问题，而不是加入激烈的交流。结果，对话中的许多信息都没有说出来或避开。此外，消极的沟通者通常是不坦率、不直接的，也不会明确表达他们的期望或想法，这使得他们的对话表达不清，更容易遭到误解。

由此可知，那些沉默的回答者不给你正面回复，未必是对你心存芥蒂，很可能只是措手不及，怕说错话。假如给他们留下一个缓冲和思考的余地，他们就能像其他回答者一样自然地交流了。当然，优秀的询问师不会被动地等待对方缓过神来，而是利用提问的方式给沉默的回答者一些提示，引导他们迅速理清思路，道出自己的想法。

自我检查

阅读下表中的内容，选择你认为符合自身情况的描述，在前面的括号里打钩，每空1分。总分最高5分，最低0分。得分越高，说明你需要改进的细节越多，反之则说明你有较好的询问习惯。

（ ）	1. 假如对方没有立即回答我的问题，我会变得非常沮丧
（ ）	2. 假如对方没有立即回答我的问题，我会质问他凭什么看不起我
（ ）	3. 假如对方没有立即回答我的问题，我会怀疑他是不是做贼心虚
（ ）	4. 假如对方没有立即回答我的问题，我会觉得他的脑子反应太迟钝
（ ）	5. 假如对方没有立即回答我的问题，我会懒得再理他

能提高询问效率的非语言细节

出色的语言技巧能让询问变成沟通双方心灵的桥梁，但有些提问者只注意了语言上的字斟句酌，而忽略了其他的细节，结果降低了询问的效率。因为，人并不只是从话语中接收明说的信息，还会根据谈话对象的表情、眼神、小动作、情绪等变化来捕捉未明说的信息，进而做出相应的判断与回应。更重要的是，在不少人眼中，你下意识透露出来的未明说的信息比嘴上说的话更能揭示你的真实态度。

别让小动作破坏了对话气氛

读前思考

人在说话的时候难免会用一些小动作来缓解心中的紧张焦虑，以便更加自如地问答。每个人的习惯动作不同，也会对交谈过程产生不同程度的影响。其中有些小动作会被对方当成无礼之举，不可不留心。

美国沟通专家约翰·R.斯托克说："如果我们说话的速度是150字/分钟，而思考的速度是800字/分钟，那么，大脑中所思考的其余东西是以什么形式表现出来的呢？身体动作！"

说出来你可能不信，你的表达中有55%是通过非语言行为或我们所称的"身体语言"来传达的，人们的身体动作传达了我们大多数人都不注意的信息。一旦学会观察非语言行为后，你将能更多地了解人们是如何理解你的表达的。

由此可知，我们在向他人提问时说的话只体现了脑中45%的想法，其他的非语言行为会揭示另外55%的信息。如果不是面对面的交流，回答者的注意力会完全放在问题本身。但在面谈的时候，回答者会将注意力放在提问者的非语言行为上。表情、眼神、姿势、手势等都会成为回答者的观察对象，尤其是提问者各种各样的小动作。

在说话时，有的人喜欢双手抱在胸前，有的人喜欢跷二郎腿，有的人喜欢跟对方勾肩搭背，有的人喜欢咬手指，什么千奇百怪的小动作都可能出现。这些小动作本质上都是提问者为了让自己更放松而做出的习惯行为，但在回答者眼中，它可能代表着另一层令人不那么愉快的含义。容易引发误会的小动作有以下几种。

• 提开放性问题时抱着双肩。这种动作体现了一种防卫心理，会给对方盛气凌人和不信任人的感觉。

• 提问时把双手背在身后。这种动作会让人觉得你很傲慢且对谈话内容不感兴趣。

• 提问时手插在口袋里。这会让人感觉你态度轻浮且对他说的东西不以为然。

• 把头垂下去放在双手中。也许你只是脖子有点累，但这在对方看来是内心流露厌烦情绪的动作。

• 提问时双手作祷告状。对方可能会疑惑，你究竟是在期待听到自己希望得到的信息，还是在庆幸自己没出什么差错。

• 交谈时双手大幅度挥舞。这个摆手动作越多，对方越会因为太过在意你的手势而给出充满疑惑的回答。

• 交谈时不停地撩头发或掸灰尘。在对方看来，你是对他说的内容感到非常不耐烦了。

自我检查

阅读下表中的内容，选择你认为符合自身情况的描述，在前面的括号里打钩，每空1分。总分最高5分，最低0分。得分越高，说明你需要改进的细节越多，反之则说明你有较好的询问习惯。

（ ）	1. 向别人提问时不看着他的眼睛，对方回复时一直看着别的地方
（ ）	2. 边玩手机边向别人提问，在对方回答时也是如此
（ ）	3. 在提问的时候手舞足蹈，恨不得把脸贴在别人的脸上
（ ）	4. 在提问的时候与别人勾肩搭背，哪怕是第一次见面
（ ）	5. 提问的时候用食指指着对方，有时候还直接指着对方的鼻尖

眼神交流也是一种提问技巧

读前思考

说话时不看人是一种不礼貌的做法。尤其是在询问的时候，如果提问者和回答者不看着对方的眼睛，就会降低沟通的效率。毫不夸张地说，眼神交流是优秀询问师必须掌握的提问技巧。这种技巧有哪些用处呢？

即使没有专门受过沟通训练的人，也会本能地认为有目光接触意味着对方比较坦诚，对自己提的问题抱有浓厚的兴趣。假如不感兴趣，就说明对方肯定是懒得理睬，拒绝交谈时都不会多看提问者一眼。这是大多数人眼中的常识。

所以，眼神交流在询问过程中有着不可替代的作用。尤其是在对提问者比较陌生、缺乏信任的时候，回答者会通过观察表情和眼神来判断你是否真诚。假如提问者的眼神躲躲闪闪或者放出异样的目光，就会让回答者感到他对自己缺乏尊重或有所保留，总之是不值得信任的。问答双方带着满腹狐疑去交谈，自然不会顺利达成共识。

针对这种情况，管理咨询专家特里·费德姆指出："我能找到的所有资料都一致表明，在提问时用眼神交流是一种非常好的习惯。你和应答者保持眼神接触，对提问有重要帮助，在对方回答时同样如此。眼神交流不代表要盯着对方看，而是要将目光落向对方。如果你要问的是一个需要深入探究的问题，并且对这个问题的讨论不可避免地会引起争议，那么你一定要看着对方的眼睛。"

运用眼神交流时，要注意以下事项。

1. 眼神交流不等于大眼瞪小眼

提问时如果用眼神直勾勾地盯着对方的眼睛，对方会感受到一种很强的压迫感，回答的时候也就表现得不那么自然。此举无疑会阻碍沟通效率，并给回答者留下咄咄逼人或者居心不良的负面影响。总之，眼神交流贵在自然和友善，以不给对方压力为上，最后才能让他主动放下戒心。

2. 重视提问开始时和快结束时的眼神交流

在提问开始时跟对方有目光交流，能让他感受到你的真诚；而在问题快结束时跟对方有目光交流，将会让他感受到你的尊敬。假如在这两个时间点移开目光，回答者就会觉得你并没有交谈的诚意。这样，提问者精心准备的说辞将毫无用武之地。

3. 眼神直接落在回答者身上，不为外物所动

你想向谁提问，眼神就应该放在他身上，专心致志地看着他。即使周围突然发生了一些有趣的事情，你也应该不为所动，继续看着回答者，认真听他说话。假如你的目光移到了别的东西上，回答者会认为你心不在焉，不想听他讲话，如此一来，交谈氛围就尴尬了。

自我检查

阅读下表中的内容，选择你认为符合自身情况的描述，在前面的括号里打钩，每空1分。总分最高5分，最低0分。得分越高，说明你需要改进的细节越多，反之则说明你有较好的询问习惯。

（　）	1. 在提问的时候不敢看对方的眼睛，甚至头都不敢抬
（　）	2. 在提问的时候直勾勾地盯着别人的眼睛，让对方感到尴尬
（　）	3. 在提问的时候用懒散的眼神看着别人，让对方感觉你无精打采
（　）	4. 在提问的时候把眼睛瞪得圆圆的，让对方误以为你此刻非常生气
（　）	5. 在提问的时候斜眼看人，让对方误以为你在藐视他

表情与肢体语言的妙用

读前思考

察言观色是优秀询问师的基本功，而运用自然得体的肢体语言来配合交谈是优秀询问师的成功诀窍之一。前者可以让你更好地掌握回答者的综合动态，后者则能让你更好地向回答者展示自己的真诚与善意。

表情和肢体语言对塑造提问者的良好形象至关重要。这些细节有时比话语更加引人注目，回答者会觉得此类非语言信息更能揭示提问者的真实态度。

管理咨询专家特里·费德姆指出："身体语言、手势、面部表情，这些都是来自身体的信号。通过这些信号传递的信息，其实和语言表达的信息一样重要。"我们在生命中的每一天，都会用各种肢体语言来传递信号。比如，手势在沟通中扮演了重要的角色，双手张开、手掌向上、手掌向下、拳头撞击、十指交叉等肢体语言信息都和你正在提出的问题产生关联。

优秀的询问师不仅擅长以肢体语言配合自己的说辞，还懂得如何恰到好处地使用表情的力量。

通常而言，优秀的询问师有一副专门使人平静下来的表情，一副看上去让人觉得你兴致满满的表情，一副关怀备至的表情。大家每天都会变换无数个表情，如同戴上不同的面具。在相应的场合选择对应的表情，将决定能否成功地让对方主动跟你合作。这可以说是询问师说服他人的基础原则。

大多数人会通过观察对方的脸部表情和嘴唇动作来判断出他什么时候停止说话——这样就能知道何时该轮到自己说话了。一般来说，人在交谈了4句话后就会开始转移注意力。所以，你必须充分利用表情和肢体语言把他们的注意力引回来。这样才能提高询问的成效。

自我检查

阅读下表中的内容，选择你认为符合自身情况的描述，在前面的括号里打钩，每空1分。总分最高5分，最低0分。得分越高，说明你需要改进的细节越多，反之则说明你有较好的询问习惯。

（ ）	1. 向别人提问的时候面无表情，让对方感觉你像个机器人
（ ）	2. 向别人提问的时候做出夸张的表情，让对方感觉你像个小丑
（ ）	3. 向别人提问的时候摆出一副哭丧脸，让对方的心情也随之变坏
（ ）	4. 向别人提问的时候有不雅的动作，让对方认为你是个轻浮的人
（ ）	5. 向别人提问的时候有让人误会的动作，气得对方拂袖而去

你流露的情绪都被对方看在眼里

读前思考

提问者的情绪在很大程度上影响着询问的结果。当你带着坏心情去提问时，十有八九会变得咄咄逼人，令对方讨厌。假如你带着好心情去提问时，积极的情绪就会感染回答者，让他们乐于回答你的提问。

很多人在社交媒体上能熟练地使用文字进行交谈，问出发人深省的问题，但在面对面的交流场合中，反而表现得不那么尽如人意。要么心里装着好问题，但不知道怎么开口；要么很容易被回答者的细微言行打乱思路，失去对沟通的主导权。这是因为双方在面对面交谈的时候，情绪会相互影响，以至于对自己的发言节奏失去控制。

喜怒不形于色一直被中国人看作是高手风范。在谈判桌上，精明的对手能敏锐地从你流露的情绪中看出某些端倪，通过不断地质问来给你制造更多的压力，诱使你犯错。即使不是这种充满对抗性的交谈环境，提问者外露的情绪也会给回答者造成很大的影响。

对于那些心理素质欠佳的回答者而言，提问者一丝的不耐烦，都会让他们怀疑自己的能力，因其过度紧张而无法流利作答。若是遇到那些作风油滑的回答者，提问者的微表情和微情绪就会成为他们见风使舵、改变说辞的提示器。无论哪种情况，我们都无法询问到真正有用的信息。

所以，我们提问的时候，必须注意控制语气和表达方式。当提问者的语气和表达方式让回答者感到自己的情绪不好被排斥时，回答者才会产生与提问者坦率交流的信心。

为此，提问者在描述观察到的情况时，必须保持冷静客观的态度。如果提问者表现得紧张不安，或是流露出对回答者观点的厌恶，那么交谈的安全感就不复存在了。而提问者这种做法只会让他人坚定自己想要保持沉默的念头。

所以，优秀的询问师都会把自己锻炼成控制情绪的高手，以免让回答者选择沉默，从而破坏询问的效果。

情绪控制不好，都是心态问题

每个人都希望对方听自己的意见，与此同时，每个人在被冒犯后都希望对方能向自己认错道歉。问题是，冒犯他人的一方经常不认为自己有错，会拒绝表示歉意，甚至会把过错推给被冒犯的一方。这又会让被冒犯的一方感到非常愤慨。当提问者表达消极或激烈的情绪后，往往会引起回答者的反弹，然后双方失去理性，只剩下对骂了。

所以，当你在提问过程中想表达出负面情绪的时候，需要把动作放慢，不急于开口，扪心自问："我发问的目的是什么？"难道是为了羞辱、指责和贬损那个准备回答你问题的人吗？假如真抱着这种心态去提问，毫无理性可言，只会引起冲突。

美国沟通专家约翰·R.斯托克指出："没有人喜欢别人把自己当作出气

筒，而表达消极情绪就等于是把别人当成出气筒。当我们向别人表达自己的消极情绪时，并不清楚他们是否准备好了或者乐于承受这些消极情绪。这就好比向一个人丢一颗手榴弹，还希望他知道该怎样处理（他并不知道）。”

所以，当我们感受到自己心态有波动时，应该趁着情绪尚未恶化前查探造成自己消极情绪的源头。否则，即使你在提问的时候没说什么刺耳的话，那些通过语气、表情、姿势、动作流露出的负面情绪，也足以被回答者接收。从根本上说，消极情绪源于消极想法，而调整情绪的关键就是改变想法。

学会用“大我”代替“小我”

你的问题必然源于你的想法，这里说的“想法”包括你对答案的预期和真正想要得到的交流结果。想让你的询问变得清晰合理又让人乐于接受，就应该用积极情绪代替消极情绪，用积极想法代替消极想法，用“大我”视角代替“小我”视角。

“小我”视角的关注焦点是“你的回答对我有什么好处”，“大我”视角的关注焦点则是“什么样的结果对咱们双方都有利”；“小我”视角总是假设“我的猜测一定是对的，别人的答案不符合我的猜测时，要么是他们蠢，要么是他们说谎”，“大我”视角则会假设“我有自己的主见，但这个观点可能不完整甚至不正确，需要弄清楚”；“小我”视角的最终意图是让对方按照“我的方式”回复，“大我”视角的最终意图则是通过询问来获得更多信息并改进解决方案。

因此，怀着“小我”视角的提问者很容易向回答者流露出消极情绪，时不时让对方感受到毫无根据的苛责和质疑；而拥有“大我”视角的提问者则能包容与自己差异极大的回答者，以真诚的关怀打动他人，令对方愿意和自己做深入交流。

总之，优秀的询问师必然是那些拥有“大我”视角的人。唯有如此，才能在提问过程中把积极情绪的力量发挥到极致，让每一位参与讨论的人都成为赢家。

自我检查

阅读下表中的内容，选择你认为符合自身情况的描述，在前面的括号里打钩，每空1分。总分最高5分，最低0分。得分越高，说明你需要改进的细节越多，反之则说明你有较好的询问习惯。

（　）	1. 提出的问题非常尖锐，而且提问的语气充满了敌意
（　）	2. 提出的问题让对方感到难堪，而你却流露出看热闹不嫌事大的态度
（　）	3. 向别人提问的时候流露出居高临下的心态，让对方感觉你是个傲慢的家伙
（　）	4. 当别人的回答不能让你满意时，你表现出明显的不耐烦
（　）	5. 当别人一时不知道该怎么回答时，你的态度开始变得前恭后倨

询问者的风度尽在对话礼仪中

读前思考

假如一位风度翩翩的先生或女士向你提问，你大概会把回答的过程视为一次愉快的回忆；假如一个素质低下的莽汉或悍妇向你提问，你可能连嘴皮子都懒得动。这种本能反应足以说明询问者的风度对沟通效果有深刻的影响。

在什么情况下，提问者能得到回答者最友好且高效的配合呢？答案并不复杂，当然是回答者觉得跟提问者交流有如沐春风之感的时候。这就是个人形象与谈吐风度的力量。

美国沟通专家乔治·汤普森博士提出了一个人们经常忽略的事实，即我们在对话中存在多重身份。他说："当两个人交谈的时候，事实上有6重身份被引入其中——交谈双方真实的自我，交谈双方各自眼中的自我，交谈双方在对方眼中的形象。"

如此一来，对方怎样看待自己就是一件非常值得在意的事情。因为他眼中的自己与你眼中的他往往有所不同。当人们发生冲突时，谁都不认为自己是无理取闹的一方，特别是他们真的在无理取闹的时候，更加不这样认为。

也就是说，我们眼中的自己和对方眼中的形象未必是一致的。通常来说，人们会高估自己的形象，而低估对方的实际表现。所以有的提问者在询问失败后，并不会在自己身上找原因，反而归罪于回答者的不配合。殊不知，自己没有展现出让人信服的风度，才是导致回答者不愿意配合的最主要原因。

优秀的询问师总是具备自我批评意识，致力于展示良好的形象，用风度换取对方的信任。他们还会去认真了解自己的交谈对象，弄清楚他们是怎样的人，可能会想什么，期待是什么，会在哪些方面反对。如果能把这些功课做充分，那么询问师的仪态和声音会完美融合，从而满足交谈对象的审美需求。

如此一来，询问师在自己眼里的形象，就跟回答者眼里的形象合二为一。高效的询问始于这点，也终于这点。所以，改善个人风度最好的办法就是读懂你的交谈对象，从他们的声音和肢体语言中仔细体会你表现出的仪态是否符合对方的口味。这样一来，我们就能及时做出调整，用更优雅的风度来完成询问。

自我检查

阅读下表中的内容，选择你认为符合自身情况的描述，在前面的括号里打钩，每空1分。总分最高5分，最低0分。得分越高，说明你需要改进的细节越多，反之则说明你有较好的询问习惯。

（ ）	1. 认为一切文绉绉的提问方式都很做作，不如开门见山地说话
（ ）	2. 不擅长对提问进行修饰，让对方毫无思考和回旋的余地
（ ）	3. 认为提问时嗓门越大越好，也不顾当前场合是否适合高声讲话
（ ）	4. 认为提问时声音越小越好，也不管对方是否听得吃力
（ ）	5. 不懂得在合适的场合与时机里提问，让对方感到为难

高效处理询问到的信息

从根本上说，询问是一种信息侦察手段，是为思考决策服务的。询问不只是一问一听，还包括在头脑中快速而准确地处理收到的信息。遗憾的是，处理反馈信息这个环节往往被很多人忽视，最后导致沟通不畅，造成原本可以避免的不必要的误会。假如你不能正确地理解听到的内容，就与什么都没问毫无区别。

注意倾听，不要“误听”

读前思考

询问的最终目的是获取信息，无论你的提问方式有多么完美，不倾听对方的回复就相当于白问。但倾听并不是一件简单的事。君不见，世上多少纠纷起于误信，误信又源于误听。

倾听的重要性无须赘言。当你提出一个问题后，最重要的事就是竖起耳朵仔细听对方的回答。看似简单的事情，偏偏不少提问者做不好。沟通中的常见问题就是，你自以为理解了我的内容，结果却是断章取义，跟我想表达的意思相差十万八千里。比如，被采访者发现新闻记者的报道完全扭曲了自己的本意，害得自己背上了不应有的黑锅。除了新闻记者操守不良的因素外，另一种可能是他们的倾听能力太差，误听了被采访者的意思。

我们应当区分两种情况：“听”和“倾听”。

“听”指的是你的耳朵感受到了声音的存在，听到了回答者的音量和音调。无论你有没有理解对方的意思，都算是“听到了”和“听过了”。“倾听”则没那么简单，不只是听到了对方的声音，同时还主动对这些话语的内容做出识别，理解对方在说什么，并在心中思考合适的回复内容。

“在听”不等于“倾听”，所有的提问者都应该明白这一点。当你发现自己记错了回答者提供的信息时，与其先怀疑对方没搞清楚情况，不如先扪心自问是否真的做到了“倾听”。因为在很多纠纷中，提问者对回答的“误听”往往有很大的责任。

造成误听的6种原因

1. 插话

当回答者还没表达完自己的意见时，提问者就迫不及待地打断他，通常是采取质问的形式。提问者自以为听懂了他的意思，实际上只是用头脑中臆测的个人想法代替了对方的真实意见。

2. 无视答案

提问者辛辛苦苦提出一个问题，却没把注意力放在倾听对方的回答上，而是为自己能提出这个问题沾沾自喜。这样做注定无法听进回答中的关键信息，更别说记在心上了。

3. 精神涣散

倾听的核心技巧之一是集中注意力。你发起了一场讨论，自己却率先精神溜号。这既不尊重认真回复你的被询问对象，也不利于你完成个人预定的目标。

4. 中途离开

提出问题后不等对方回答完毕就慢慢走远，丢下一脸茫然的回答者站在原地。这种不礼貌的行为经常出现在一些不拘小节的提问者身上。你都没认真听下去，怎么可能避免“误听”？

5. 反复重述问题

在别人回答的过程中，提问者不应该一遍又一遍地唠叨自己的问题。对方已经知道你想问什么并正在答复，不需要你一再地重复提醒他。这样不仅显得你思维逻辑混乱，还让对方觉得你在浪费他的时间。

6. 想当然地理解对方的意思

有的提问者经常会产生一种奇怪的想法——认为那些同意回答你的人必定在某种程度上认同你的观点。到头来，你说某人持的是A观点，实际上只是因为你想当然地以为他跟你一样持A观点，没有认真倾听。而他恰恰是B观点的支持者，任何仔细听过发言的人都不会有这样的误解。

避免误听的训练技巧

倾听其实不需要什么特殊技巧，关键在于意识。大多数人在倾听过程中会被很多杂事分散注意力，于是就会漏听不少内容。解决之道简单明了，不过是“认真+专注”罢了。为了提高你的专注力，可以从以下5个方面进行训练。

1. 重要的问题尽可能地面对面询问

在社交媒体上“隔空对话”是很难保持专注的。就算是面谈，只要双方的脸朝着不同的方向，或者边走路边看路边交谈，注意力同样会被分散。为了不让你那开放的视野捕捉到更多无关的事物，最好还是跟对方坐下来面对面地讨论，把你的注意力完全集中在回答者身上。

2. 在重要的询问过程中关掉你的手机

现代人对手机高度依赖，一天中大部分精力都会消耗在手机上。当回答者跟你分享自己的思考结果或者重要信息时，请认真对待他们的展示，让他们处于一个被尊重的对话环境中。不要随意打断对方，哪怕你想提出更有价值的问题，也请先集中注意力听清楚回答者说了些什么。

3. 全身心参与倾听

提问者不仅要在行动上做好倾听的姿态，还要在心里全神贯注地参与倾听，大脑一定要跟着转，随时捕捉回答者提到的关键词，尤其是他们反复强调的关键词。回答者频繁强调的信息就是他们眼中的核心信息。也许，回答者没有正面回答你的问题，但你全身心倾听时，就会发现他们的话里依然掺杂了某些有用的线索。

4. 用眼神交流、手势、肢体语言向回答者表示你对该话题的重视

倾听固然是他说你听，但你的非语言信息依然会被对方看在眼里。回答者不是傻瓜，能从你灰暗而游离的眼神，流露不耐烦情绪的肢体语言中看出你对他的话并不感兴趣。既然如此，他又怎么会有心情继续说下去呢？认真的倾听少不了非语言信息的交流，通过眼神、手势、肢体语言来表达你确实听得津津有味，回答者才会产生更大的分享信息的动力。

5. 不要做那些暴露紧张心情的小动作

有的人在听对方说话时有搓手、转笔、抖腿等小动作。这些小动作暴露了你的紧张心情，回答者会认为你表现得不自然是因为对他的答案缺乏兴趣。此外，问答双方应该保持在一个合适的距离进行交谈。提问者离对方太远则有畏缩逃避之嫌，离对方太近又会让别人感到不自在。记住，最好的问答交流都是自然而然的，彼此的表现都不生硬、不别扭才是最好的状态。

自我检查

阅读下表中的内容，选择你认为符合自身情况的描述，在前面的括号里打钩，每空1分。总分最高5分，最低0分。得分越高，说明你需要改进的细节越多，反之则说明你有较好的询问习惯。

（ ）	1. 提问后不认真听对方说，心里想着其他事情
（ ）	2. 只听一半就迫不及待地追加问题，不让对方把话说完
（ ）	3. 只顾自己连续提问，而不给对方留下足够的思考和回答的空间
（ ）	4. 听别人答复的时候左耳进右耳出，又问了对方已经回答过的问题
（ ）	5. 错误地理解对方的意思，却不懂得用询问的方式及时确认是否有误会

边询问，边记录

读前思考

当是向专业性较强的领域的人询问时，做好记录将成为至关重要的辅助手段。假如你提出了一个好问题，对方也给出了详细而深刻的答案，但你只记住了其中一小部分，岂不是错失了提升自己水平的良机?

老话说得妙："好记性不如烂笔头。"特别是在这个信息过载的年代，没有人能像电脑一样记载琐碎庞杂的海量信息。提问者每天都要处理大量收集到的数据，若是不能认真做记录，只凭头脑记忆，很快就会把知识点忘光。

千万不要以为做笔记无关紧要。前面说的"误听"并非罕见现象，科学家已经证明人的记忆容易遭到"篡改"，没有文字、录像等记录核对，非常容易出错误。如果你想成为一名优秀的询问师，就别过分依赖自己的记忆力，老老实实地学会做笔记。况且，越是专业性强的知识点，越需要通过笔记来辅助理解。当你想不起之前提过哪些问题，听到了什么样的回答时，笔记将成为你的“及时雨”。

一边询问，一边做笔记，新闻记者、警察、向老师请教的学生都是这样做的。想要养成这种好习惯，除了转变“只有学生在课堂上才要做笔记”的肤浅观念外，还需要掌握一些记录的技巧。

大部分提问者都没有速记员的手速，耳朵一边听，脑子一边想，手里还不停下，协调不好很容易手忙脚乱。倘若回答者说一句就要停下来等你写完一句，那么他肯定会不厌其烦。而提问者的注意力由听转为写，思路也容易被打断。这样的询问效果还不如光听不记。

简明要点记录表

对于提问者而言，最需要记住的信息主要有4个。

- 人物——谁做的？谁负责？应该联系谁？
- 地点——在哪里发生？周围环境如何？
- 事件——发生了什么事？造成了哪些影响？
- 时间——什么时候发生？那一天有什么特殊意义？

在通常情况下，只要把自己听到的信息按照上述4个方向进行归类，然后填入简明要点记录表中，提问者就能把获得的情报梳理出比较明确的脉络。比如，A先生说自己在5分钟后要去市政府的办公大厅见自己的老同学，然后一起去参加某场学术研讨会，你可以将这个消息拆开来记录在下表中。

简明要点记录表

人物	地点	事件	时间
A先生和他的老同学	市政府的办公大厅	参加学术研讨会	5分钟后

这种记录方法简单实用，利于提问者从纷杂的信息中找到线索，也不容易遗漏重点内容。最重要的是，它只需要用寥寥数笔写下要点，不必把对方的所有内容全部速记下来，非常节省你的时间和精力。

关于整理询问笔记的建议

按照上述方法记录询问结果只是一种粗浅的处理方式。优秀的询问师会在此基础上进一步三省吾身，根据笔记来反躬自问，鞭策自己不断精进。我们可以专门制作一个关于询问经验教训总结的笔记，主要包括以下内容。

- 每天记录一个“让你的工作学习不同于从前”的问题。这是为了总结每一点成功经验，假如没有，就把以前的经验再复习一下，记录复习心得。
- 记录一个“你后悔提出”的问题。这是为了总结每一个失败教训，如果没有，就不必写。
- 记录一个“假如换一种提问方式，就可以获得更好的答案”的问题。这是为了提醒自己改善提问方式。
- 记录一个想说但还没正式提的问题，以免今后忘到脑后。
- 记录一个你已获得答案但发生重大改变的问题，提醒自己舍弃旧答案，重新开始提问。
- 记录你今天遇到的最好的问题。这个问题可以是别人问你的，也可以是你围观对话中的内容，总之都是“他山之石”。把它摘录下来，并写清楚你为什么认为它很好。
- 记录你今天遇到的最差的问题。把给出差评的理由也写清楚，那将成为你的一面镜子。

自我检查

阅读下表中的内容，选择你认为符合自身情况的描述，在前面的括号里打钩，每空1分。总分最高5分，最低0分。得分越高，说明你需要改进的细节越多，反之则说明你有较好的询问习惯。

（ ）	1. 在询问的时候完全不做任何记录
（ ）	2. 在提问的过程中只顾记笔记，而没把对方的话听完整
（ ）	3. 不懂得做笔记的技巧，导致经常漏记对方提供的关键信息
（ ）	4. 记录的时候把关注点放在鸡毛蒜皮的细节上，而不善于捕捉关键信息
（ ）	5. 记录对方的答复时很认真，但在下次提问前不仔细整理这些信息

分析方向一：关于人物的信息

读前思考

只要一开口，无论是提问者还是回答者，都会在一定程度上展现自己的性格、思想、能力、身体状况、心理状态。对于优秀的询问师而言，分析回答者的特征是一项非常重要的询问技巧。

沟通专家约翰·R.斯托克说："我们都是不同的，相互之间拥有不同的互动和沟通风格。如果你能更好地识别个人差异并顺应这些差异，那么，不仅能提高你的对话的影响力和有效性，还会让你的听者感觉到，你很注重与别人建立良好的关系，能理解别人以及被别人理解。"

因此，优秀的询问师通常会采用两种基本询问思路：一是根据自己所提的"问题"来选择需要的咨询对象，比如向医生询问保健问题；二是从不同类型的人那里获取对同一问题的不同答案，比如向各行各业的人征求对某件事的看法。无论哪种思路，都需要对回答者的特征有准确的把握。按照思维方式与回答特点的差异，询问师通常把回答者划分为8类。具体内容见下表。

回答者的分类

类型	特征	关注焦点	应对技巧
整合者	整合者在回答前会反复考虑，对提问者的反应进行预测，并能根据你的反应来调整答案。有时候会同时给你很多个备选答案，但自己往往不会给出明确的最终选项	把双方的意见整合成一个或者多个“最佳答案”，以便取得最好的综合效益	使用重复型问题，多角度确认整合者最核心的需要，帮他们做出最终取舍
决定者	决定者会直接给你一个明确的答案，里面包含了他们或深思熟虑或凭直觉做出的判断。有时候，他们给出的答案会让其他人感到不爽。最重要的是，他们潜意识里认为自己的个人观点和客观事实一样不容置疑	成为提供终极答案的最终“决定者”，一步到位地提出不可动摇的“真知灼见”	针对决定者给出的回复信息，以持续型问题和总结型问题来不断发问，让人们从更多角度看清决定者的深层想法
解说者	解说者喜欢做一个全面深入的回复，他们提供的答案包含了大量的综合信息，以至于超出你询问的范围，如同给人讲课的解说员。如果不调整讨论的方向，他们就会滔滔不绝地讲下去，把话题范围延伸得很远	把问题的方方面面都解释清楚，以免提问者断章取义	提问前划定话题的范围，一旦对方的回复超出了范围，就赶紧用一个新的问题把话题缩小到“针尖”，以便获得最简洁的回复
逃避者	逃避者往往不会按照常人的习惯对某些问题进行正面回复，而是用与众不同的视角来提供意外的答案。他们并非没有想法，只不过自己对问题的理解方式比较特殊。有时候是因为害羞而犹豫不决或者声音微弱	展现自己的不同寻常，想隐藏某些真实想法	使用持续型问题来追问他们的想法，让问题变得更有组织性，减少其“另辟蹊径”的空间。也可以根据对方的兴趣爱好来用非持续型问题打开他们的话匣子，然后控制交谈的方向

（续表）

类型	特征	关注焦点	应对技巧
发起者	发起者重视结果和行动，支配欲强，事无巨细都要过问，要求比较严苛，敢于冒险，但不太重视以人为本。他们喜欢直接正面对话。回答的时候语气比较强势、激烈甚至傲慢，措辞直接、扼要、急切，通过改变特定词语的音量来强调自己的意思	明确相关的目标、底线、要点和结果，其他的东西不必说	提问时暂且搁置自己的想法，问题要一针见血。注意倾听他们的意见，适当地迎合他们的自我优越感
建立者	建立者态度乐观、热情，喜欢互动，善于想点子，能给出很多有意思的答案；说话比较有说服力，善于调动对方的情绪；有时候会变得口无遮拦，做决定前往往容易冲动和反复；喜欢目光交流，爱用比喻，语速快，手势多，表情多变；经常会打断对方发言，但也能倾听对方的想法	成为众人关注的焦点，得到大家的赞赏、认可和尊重	缩小话题范围，在对方表达过多看法时用新问题打断。在提问和反馈时表达出赞许的态度
联系者	联系者善于倾听，喜欢稳定的团队协作，能跟每个人保持友好相处的状态。他们的回答往往是随大溜的，即便内心并不是那样想，也不会公开反驳。联系者的表情丰富，但善于克制情绪，并不会轻易表现出内心波动。他们态度随和，但不喜欢被别人逼着去做自己完全不了解的事情，包括评价某个热点话题	寻求对方的合作与配合，希望自己的想法能够得到每个人的支持，避免与他人起冲突	提问时态度亲和，语气亲切，不强迫回答，不过分追问，直接告诉他们“你的意见很宝贵，能给大家带来好处”

（续表）

类型	特征	关注焦点	应对技巧
探索者	探索者追求精准、正确，观察入微，逻辑严密，重视数据。他们孜孜不倦地寻找每个问题的答案，能给对方提供非常有见地的意见。但他们总是先想后说，回答时为求严谨而不把话说太死。如果遭到质疑的时候，语气就会变得强硬。思考时不会看着对方，但自认为的正确意见被质疑时会直视对方	专注于寻求自己想要的信息、事实和答案，会分享自己精心思考后得出的结论	不要用质疑的口吻询问他们，而要提供他们感兴趣的信息以换取条理分明、思路清晰的答案。假如他们觉得考虑不成熟，不要强迫他们分享自己的看法

分析方向二：关于地点的信息

读前思考

在日常生活中，涉及地点信息的询问很多，最常见的就是询问当前的位置和行驶路线。回答者的描述参差不齐，不一定能把有用的信息讲清楚。这时就需要提问者根据对方提供的信息进行引导。具体该怎么做呢？

GPS导航技术虽然先进，但这并不意味着我们不再需要问路。在赶往陌生约定地点的途中，向约会者询问关于地点的信息几乎是必然的。

虽然方向感不佳的人分不清东南西北和左右，但是对上下中和前后的情况比较明白。作为提问者，他们理解不了别人说的左转或右转、向东或向西；作为回答者，他们脑子里知道具体的路线，但硬是描述不出来。

关于地点的信息，涉及方向、方位、地形地貌、建筑格局等因素。通过这些信息，我们可以指出某个特定的地点。但是，方向感不佳的提问者和回答者的头脑中缺乏这些概念。他们在讨论方位信息时，不知道哪些信息对指路有用，也不知道该怎样描述映入眼帘的地形地貌，对所在位置的布局和建筑物特征也是一脸茫然。

因此，我们在询问要去的地点时，应该把问题设计得更有组织性和逻辑性。回答者在指路的时候不清楚我们的状况，经常会问“你现在到哪里了？”之类的问题。这时候，提问者要学会努力观察周围环境，找出有特点的地理标志，以便回答者迅速搞清楚提问者所在的方位，指引他来到离终点更近的路口。

询问地点信息的常用技巧有如下几种。

1. 利用彼此都熟悉的参照物

假如对方在某个你经常路过的地铁站的出口，你就可以在脑海中想象自己平时是怎么走的，沿途会看到什么，然后再一步步引导对方按照你的路线走。

2. 用地标性建筑指引方向

假如你不熟悉对方所在地点的路线，可以告诉他寻找某个显眼的地标性建筑，然后再以该建筑物为起点来左转或右转，往东或往西。

3. 关注对方提到的地点

对方会一边走一边描述自己沿途看到的场景，提问者要注意认真倾听并询问细节。遇到不熟悉的场景就略过去，一旦遇到熟悉的场景就能确定对方的方位，进而指示路线。

4. 晴天可问太阳的方向

询问太阳在哪边有助于确认对方的朝向，方向清楚了，引导路线也就有章可循了，但这个技巧只能在晴天时使用。

分析方向三：关于事物的信息

读前思考

当我们关注某种事物时，起初了解的只是其中的一个侧面，唯有通过不断地询问才能逐渐掌握更多情况。再聪明的人也是按照这个过程来了解事物的全貌。只不过，聪明人善于整理思路，知道该怎样做到有效询问。

我们平时说的“学习”主要指的就是了解新事物，而了解一种新事物离不开询问。询问是认识未知事物最有效的途径，但咨询次数多不代表学得快。君不见，多少新人因勤学好问而后来居上，让老手都甘拜下风。两者的差距在于询问技巧。

回想一下，当你打算了解某件事物时，脑子里有没有形成一些粗略的概念？比如，该事物的属性、类别、功能，等等。通过这些概念，提问者将该事物做了初步的归类，然后确立基本的提问方向。

例如，一位获得驾照的顾客想买一辆汽车时，汽车交易市场中的所有车辆都是他要调查的潜在对象。接下来，他会向销售员询问很多问题，包括眼前这款汽车的品牌、型号、性能、价位、制造工艺、保养注意事项、销售状况、用户口碑以及交易方式、售后服务等内容。不善于询问的顾客在提问时只想起其中少数问题，忽略了其他应该了解的信息；而善于询问的顾客会问及该款汽车有没有配套的汽车儿童安全座椅，汽车智能防撞系统的可靠性如何，汽车安全气囊有没有采用某则广告里提及的最新技术，等等。

两种顾客的差异其实不在于相关知识掌握多少，而在于有没有迫切了解一切信息的渴望。要想充分了解一个你之前从未接触过的事物，就应该保持“两岁小孩般的好奇心”。优秀的询问师与平庸的提问者之间的一个主要区别，就是是否具备这颗纯粹的好奇心。

两岁小孩虽然说不出太复杂的话语，但他们有着成年人望尘莫及的好奇心，迫切地想弄清楚周边的一切事物。假如你也怀有这种心态，就会获得强大的学习动力，没有什么东西能阻止你积极地提出问题。接下来，你将通过一系列的询问来探明该事物的名称、用途、构造以及各部分的工作原理，并运用这种方式来了解更多的未知事物。

除了“两岁小孩般的好奇心”之外，提问者还可以主动学习那些专业人士认识事物的方法。询问专家玛丽安·卡琳奇分享了一个宝贵的经验——“请记住，在任何时候，当你发现某些人对某一事物特别了解或者精通时，一定要询问他为什么了解这么多，因为这会让你发现更多关于对方的重要信息。有时候，甚至会发现难得的秘密。不要错过哦！”

每个行家都是从门外汉起步的，他们和你一样曾经对某个事物一无所知。他们也是靠勤学好问才积累起令人啧啧称赞的丰富知识，询问就是其主要的学习方式。所以，我们别忘了询问这一点，了解别人当初是怎样问到自己想要的信息的。这对提高你的询问技巧有莫大的好处。

分析方向四：关于时间的信息

读前思考

时间的重要性不言而喻，但很多人对时间信息的重视程度不足。不是在询问的时候忽略时间信息，就是不能敏锐地捕捉到时间信息中蕴藏的宝贵价值。这导致很多人错把旧闻当新闻，做出不恰当的判断和决策。

关于时间信息的重要性，询问专家吉米·派欧有一段精彩的论述。他说："当你聚焦于一个事件时，刚开始你可能只会看到一个侧面，就像只看到一张照片，但到最后你往往能看到如一部电影般宏大的故事。换句话说，一个事件的发生关乎过去、现在与未来。它总是发生在一个特定的时间里，同时又成为其他一系列事件中的某一环节——由之前的环节所引发，而后又开启了接下来的环节。"

我们在认识一件事情时，关注焦点主要是整个事件的起因、经过、结果和性质。假如只是想泛泛地了解，这样就够了。倘若需要做更深入的调查研究，就需要把整个事件拆开来分析，拆分的主要依据就是"时间"。

比如，警察和侦探在寻找破案线索时，会向当事人或证人询问某个时间点的某个细节。这种细节蕴含的时间信息，往往是验证或推翻当事人不在场证明的关键。通过对比各项线索的时间线，他们会重新建立整个事件的来龙去脉，改变自己原先对案件的定性。要是错过了时间信息的细节，也许案件的真相就无法查明了。

遗憾的是，很多提问者缺乏时间观念，不会有意识地分析情报中的时间细节。这是我们应当注意避免的毛病。

在分析关于时间的信息时，“瞻前顾后”堪称万法归一的总原则。大部分人的记忆都是一条跟时间线相吻合的直线。尽管记性不好的人可能记错，一旦他们核对时间线就会注意到事件正确的发生顺序，“瞻前顾后”的询问法打乱了这条直线的顺序，一会儿将时间点倒退到几分钟前，一会儿又针对某个细节询问接下来几分钟发生的事。

人们按照正常的时间线记录信息时，往往只是记住了显眼的主要细节而忽略了次要细节。若是把时间顺序打乱，他们的大脑就会以一种不同以往的角度来回忆信息，从而唤醒那些之前没有留意到的记忆细节。

通过不断地“瞻前顾后”，我们会察觉到不同时间点上的各个细节之间的隐藏联系。我们常说的“温故而知新”的读书方法，其实就是运用了这个原理。假如你觉得自己对某个事件的了解不够深入，那么改变一下它的时间线再进行观察，就会产生新的认识。

分析方向五：信息的可靠性

读前思考

当海量的信息扑面而来时，我们更应该明白一点——真正对你有用的信息只是其中的极少数。相对于信息的数量，信息的可靠性对于提问者更为重要。假如你问到的信息缺乏可靠性，那么再多的信息也是废品。

这也许是询问师最头痛的问题。试想，我们绞尽脑汁地选择最佳的时间和地点，用最恰当的方式提问，对方也给出了看起来非常“专业”的详细回答，结果却被告知这个答案错漏百出，心情怎么可能不郁闷？

现在专业知识体系越分越细，也越来越“专”，达·芬奇式的全才很难再出现。为了验证某个信息是否可靠而投入大量精力和时间去学习相关专业知识，对于大多数非专业人士来说是不现实的。但是，分析信息的可靠性是绕不开的必要环节，这时候就需要提问者掌握几个重要的技巧。

美国情报专家彼得·欧内斯特在分析搜集到的“有行动价值的情报”时，会对自己提出如下几个问题。

- “我的分析有没有围绕核心问题展开？”
- “对方提供的信息中有多少是按照我需要的问题来回答的？”
- “我证实的东西可以相信吗？”
- “这些信息能逻辑自洽吗？”
- “这些信息从直觉上来判断是否值得信任呢？”

这些问题包含了提问者的核心诉求、信息的可信度、信息的逻辑性和提问者的直觉4个层面。接下来，我们将围绕着这4点来解读相关的询问技巧。

1. 提问者的核心诉求

提问者想要更客观地看问题，就要认清自己的核心诉求，并围绕前述的人物、地点、事物和时间等信息来整理思路。假设你想为自己的项目拉到新的赞助，然后得知对方对赞助项目的评估要求很严。你的核心诉求是拿到资金，为此必须考虑这些问题：“谁是赞助的最终拍板人？”“他们喜欢投资哪些项目？”“我的项目有哪些地方可以吸引他们投资？”“假如能拿到赞助，我该怎样组织和规划这笔资金？”例如：

“假如要实现我当前的首要目标，我还需要了解哪些情况？”

2. 信息的可信度

信息的可信度与两个因素相关：一是信息来源的质量和可靠性，二是信息本身的质量和可靠性。我们需要通过重复型问题或持久稳固型问题来判断回答者的知识结构与行为动机，同时核实他们的回答是否存在自相矛盾或虚假不实的情况。假如回答者故意欺骗或隐藏事实，就会让你错过一些关键信息。这时候，你要用更多的复杂技巧去穷根究底。比如，抓住并强调对方回复中的某些词语，把关注点聚焦于人物、地点、事物、时间中的某个方面。

当对方着重描述时间细节时，就顺着时间问题进行反复询问，从而确认其中有没有不合理的捏造部分。例如：

“你平时是6点整下班，那一天却直到7点才离开办公室，在这段时间里发生了什么？”

3. 信息的逻辑性

回答者在回复过程中，可能会出现描述上的不协调感。这种不协调感往往就是其答案的漏洞所在。可信的回答总是能逻辑自洽，无论内容多么令人称奇，各个环节的信息都不会出现相互矛盾的情况。逻辑自相冲突的话无法解释完整的客观事实，是不可信的。这也是提问者辨别回答者有没有说谎的主要标准。需要注意的是，逻辑自洽的回答不一定就是真相，也可能是回答者精心炮制的谎言。我们应当立足于事实来检查逻辑，不能凭“逻辑”去主观地否认事实。这是不少自作聪明的提问者常犯的毛病。例如：

“你前面说这件事微不足道，后面又说此事给你造成了很多麻烦，到底哪个才是真实情况？”

4. 提问者的直觉

按照心理学理论的说法，直觉是一种特殊的思维能力。它并不依赖充分的情报，也不依赖逻辑推理和综合分析，就能给我们一个直白的结论。由于直觉不是经过深思熟虑的想法，具有很大的随意性，故而被不少追求严谨的提问者抛之脑后。其实，我们并非不需要直觉，在很多时候恰恰需要直觉来指引询问。当你处于陌生环境或接触陌生人物时，并没有足够的情报来帮你判断。这时候，直觉会帮你迅速形成初步判断。接下来，你会自动去围绕直觉来搜集信息，逐步验证自己的猜测是否正确。假如提问者在直觉上觉得没问题，大脑就会自动忽略掉其他相关信息。所以单凭直觉思考可能会让你遗漏掉某些线索。例如：

“我总觉得这屋子里有什么地方不对劲，这瓶葡萄酒上次是摆在这个位置吗？”

通过分析上述4个方面，提问者就可以对信息的可靠性有比较准确的判断。在问答过程中，信息的可靠性往往决定了谈话内容的严谨性与合理性，由此产生的结论也会更加靠谱。

自我检查

阅读下表中的内容，选择你认为符合自身情况的描述，在前面的括号里打钩，每空1分。总分最高5分，最低0分。得分越高，说明你需要改进的细节越多，反之则说明你有较好的询问习惯。

（ ）	1. 只要是朋友圈发的消息，我就无条件相信
（ ）	2. 那些看起来头头是道的消息，我都相信是真的
（ ）	3. 我平时不太关注信息来源，觉得没必要在意这些细节
（ ）	4. 我最相信自己的直觉，别人给的论据再多也不会接受
（ ）	5. 我不在乎事实的细节怎样，只相信那些符合我的“逻辑”的观点

分析方向六：对方的表达方式特点

读前思考

回答者的表达方式隐藏了许多微妙的信息。优秀的询问师可以从中观察出对方的性格、爱好、思维方式、价值取向、心理状态、潜意识等信息，进而调整自己的询问方式，更好地与对方进行互动交流。

在询问过程中，倾听信息与分析情报是浑然一体的。优秀的询问师会一边提问，一边观察，一边消化所获信息，然后在脑海中不断完善对原来问题的认识，并想到下一个重要的问题。整个思考过程看似有很多程序，其实我们的大脑完全可以同时做所有的事，只是个体水平差异会影响询问和分析信息的最终效果。

所以说，上一章提到的提高询问效率的非语言技巧，同样也可以用来分析回答者的特点。特别是对方的表达方式特点，在很大程度上决定了你和他的交谈能否顺利进行。

英国文学博士、美国普林斯顿大学修辞和劝说学博士后乔治·汤普森博士曾经总结道："我合作过和观察过的最好的警察，我倾听过和观察过的最好的销售，我接触过的最好的老师，他们都掌握着同一门艺术。他们可能没有像我这样系统化地研究它，对其条分缕析，但是他们都会不约而同地告诉你，读懂交流对象并且用他所运用的语言去交流，是有史以来最伟大的技巧之一。"

"读懂交流对象"，然后用他们的语言进行交流。这将使得提问者与回答者始终在同一个频道上进行交流，彼此都能更流畅地表达观点，更清楚地理解对方的意思。解读表达方式的窍门有如下3种。

1. 看对方的陈述方式

一个人的陈述方式主要反映在他的音调、音量、语速节奏、经常重复的关键词、口头禅等方面。当回答者面临的压力上升时，音调会变得更尖锐，音量加大，语速加快，重复强调的次数更多。反之，则会表现得更为平和、淡定、舒缓。

2. 看他跟平时有什么不一样的表现

具体说就是，对方在回答问题的过程中出现了平时不会有的特殊停顿，或者眼神游移，出汗量增加，脸色发生细微变化等现象。回答者的表现发生变化，主要跟其情绪波动有关。情绪波动的原因五花八门，这是提问者在接下来应该想办法弄清楚的地方，说不定可以帮对方排忧解难，加深情谊。

3. 看他在说话的同时做了什么

有的回答者在说话的同时可能在涂鸦、转笔、摩擦手指关节、按自动笔的按钮、用手指轻叩桌子、晃动脚、发出某些短促的噪音等。这些细节从侧面表明，提问者的话题引起了他们的焦虑和不安。这时候，我们需要调整自己的措辞和表述重点，帮回答者减轻压力。

让对方乐于答复的互动策略

询问不是一锤子买卖，一问一答就能得出全部的结果。询问者在提问的过程中少不了要与回答者进行各种互动。比如，在他们难以启齿时鼓励一下，在他们不知该如何表达时引导发言，在他们反问时给出令其信服的解释，在他们跑题时将其领回正轨。倘若没有这些互动，双方的沟通就很容易陷入冷场的尴尬局面。

先阐明事实，再征求意见

读前思考

我们在工作生活中少不了要征求他人的意见。尤其是在多人协作的环境中，征求意见是必要的手段。但是，不善于提问的人很难顺利完成这个目标。因为他们征求意见的方式往往让对方一时难以给出合理的答复。该怎样避免这种情况呢？

回答者不一定知道答案，甚至可能从未想过你提出的那个问题。所以当你提问时，对方却说“抱歉，我对此并不熟悉”的现象并不少见。如果你想要跟他继续谈下去，就应该反过来主动提供信息，让他充分了解事实情况，然后再询问看法。

“先阐明事实，再征求意见”是优秀询问师常用的提问技巧。分享事实有利于奠定对话的基础，特别是在比较复杂、棘手的询问场景下，分享事实是缓和冲突，促进讨论的有效手段。当提问者讲解事实的时候，也在顺便说明自己想听取他人意见的原因。回答者可以从中了解提问者的动机和需要讨论的范围，从而做到有的放矢地回答。哪怕他此前完全不了解相关方面的情况，也能根据你提供的事实信息来给出个人看法。

提问者常见的一个错误是把自己的假设或对某个想法的思考当成事实，他们向别人提问时，潜意识里是希望对方认可自己的假设或某种思考。在征求意见的询问场合中，这种提问方式不会取得太好的效果。因为回答者很可能由于不了解事实而附和你在提问中暗示的答案，而不是基于事实给你一个真正经过深思熟虑的看法。这样征求到的意见，会让提问者盲目地相信自己的观点毫无纰漏。

张梅是公司的一位部门经理，她有个缺点：交代事情的时候总是漏掉某些具体要求。有一次，她要求部下李苏帮产品总监制作一套幻灯片，下班前搞定。张梅把总监以前制作的旧幻灯片找出来做参考，并要求李苏延续总监的幻灯片排版风格，但要更换新的图片和内容，没提别的注意事项。李苏如期完成了任务，谁知第二天张梅在每周例会上批评了李苏。

张梅生气地说："你做的幻灯片页数太多了，怎么就不能把工作做得准确无误呢？总监工作忙，不可能从头到尾再检查一遍。你上次也是这样，怎么就不能长点心，机灵一点呢？"李苏感到很委屈，但没有当面顶撞。

例会结束后，她对张梅说："经理，我想跟您谈谈如何提高我工作效率的事情，可以吗？"

征得张梅的同意后，李苏说："经理，您之前布置任务的时候给我看了总监以前制作的幻灯片，然后让我按照他的风格换上最新的图片和内容。我遵从您的要求做幻灯片，但刚才您在例会上说'这个幻灯片的页数太多了'。我想，您在接到这个任务的时候，肯定知道总监关于幻灯片页数的具体要求，是我没收到相关要求。对吗？"

张梅说："不对。"

李苏问："那为什么说幻灯片的页数太多了呢，这是总监给您的反馈意见吗？您原本是希望我做多少页？还需要我改善其他细节吗？……我的理解，您想让我按照总监的要求减少幻灯片的页数。对吗？"

在上述案例中，李苏没有直接质问张梅为什么不一开始就告诉自己应该做多少页，而是先陈述了事实，再迂回地进行询问。这件事原本就是张梅没事先讲清楚页数要求，但她起初没意识到这点，就算意识到了，也会为了维护个人面子而推卸责任。李苏先阐明事实再进行询问，让她不得不注意到自己的问题。接下来李苏的追问都在围绕如何改进幻灯片的制作细节展开，避免了对张梅的指责。最后，李苏总结观点后再以问句结尾，确认张梅的意见并做出补充。这样的询问方式既不会让双方矛盾激化，也有助于更好地讨论问题。

为了更好地控制对话分寸，美国沟通专家科里·帕特森提出了"综合式陈述法"，具体包括以下5个步骤：

- 分享事实经过，包括提供有说服力的数据；
- 说出你的想法，让对方了解你的意图；
- 征询对方观点，用巧妙的提问来了解对方的想法；
- 做出试探表达，引导对方提供更多的细节；
- 鼓励做出尝试，鼓励回答者继续作答。

前三种技巧围绕"表达内容"展开，后两种则是关于"表达方式"的技巧。但大多数人第一步就做得很糟糕。他们总是急于一吐为快，反而让表达方式变得低效。

科里·帕特森特别强调第一步不能遗漏。他说："事实是最不会引起争议的内容。从事实谈起可以为你的对话提供安全的出发点。由于具备高度的客观性，事实是最不好引起争议的内容。除了不具争议性，和主观判断相比，事实还具有说服力更强的特点。事实是构成信念的基础，如果你想说服他人，注意不要一开始就在对话中抛出个人想法，你应当在事实的基础上展开对话。”例如：

“A餐厅的菜价格高一些但分量很足，B餐厅的菜价格优惠但分量稍微少一些。你觉得去哪家更符合你的需要？”

“我刚才看了考核表，你最近的业绩比上个月有所下滑。不知是什么原因影响了你的工作效率，能跟我说一说吗？”

“你跟我约定8点半见面，实际上直到9点半才来。是路上出了什么状况吗？”

这种先分享事实和想法再提问的“综合式陈述法”，是优秀询问师常用的询问方法。它能为我们的交流提供没有争议的立足点，以便问答双方能心平气和地交流下去。

主动询问对方希望展示的新想法

读前思考

每个人都有表达的欲望，尤其是在产生新想法的时候希望能与他人分享。但有的人不善言辞或者有某种顾虑，于是无法直抒胸臆、一吐块垒。这时候，优秀的询问师就会给他们提供一个畅所欲言的机会。

我们每天都会产生很多想法，并希望找机会展示自己的新想法，然后得到大家的鲜花和掌声。这是人类共有的“自我实现的需求”。相对地，展示新想法也存在很大的风险。

展示新想法的风险

世界上有数不尽的奇思妙想，但最开始不是被斥为离经叛道的异端，就是沦为众人眼中异想天开的笑柄。如此一来，展示者就会被负面评价伤害。一想到这点，大部分人在吐露真实想法前都会比较谨慎。我们周围不乏一些“肚里有货倒不出”的内秀之人，他们因顾忌被恶意嘲讽的风险，所以藏着不说。

沟通之难，难在开口；开口之难，难在提问。有的“点子大王”会通过提出一个周围人没有想过的问题做引子，引出自己想展示的内容。但内秀之人害怕被指责或被冷落，哪怕遇到大家束手无策的时候，也是欲言又止。这时候，如果有人能在谈话中打消他们的顾虑，支持他们表现自己，就会让双方的交流变得更畅快，更融洽。

这就要求提问者具备两个素质：一是及时注意到对方欲言又止的观察力，二是理解其内心不安全感的同理心。没有以上两个素质做基础，超级询问技巧是无法成功施展的。

向新想法提问的技巧

提问者在引导对方展示新想法的时候需要明确，这不仅是给对方一个展示自我的机会，同时还是检验那个新想法可行性的机会。询问的时候必须兼顾这两点：一是不可不假思索地盲目接受对方的新想法，二是不能挫伤其阐述观点的积极性。为此，我们应该从以下几个方面着手。

1. 主动请对方解释新点子

那些怀有新想法的人最希望别人主动邀请他们讲解自己的心得。他们可能不好意思直接问你对某个新点子是否感兴趣，而是在讨论别的问题时有意无意地提及自己对那个领域有研究心得，这就是一个希望你主动发问的信号。如果你确实有兴趣，就对此表现出浓厚的兴趣。需要注意的是，询问新想法时不要带有嘲讽或玩世不恭的语气。例如：

“我想问一下，你刚才提到的那个新点子是什么？”

2. 询问已经了解的信息以便确认有无误解

人们对新想法的了解需要一个过程，刚开始的时候肯定会出现理解不到位的地方，需要回答者再解释一下。提问者可以先围绕已经弄清楚的部分进行追问，把自己的理解复述一遍，再向回答者确认。这种包含复述答案在内的问题，通常比较受对方欢迎。因为这说明你在认真听他说的话。例如：

“你刚才的意思是……我没理解错吧？”

3. 追问里面不太明白的部分

把已经弄清楚的部分问完后，下一步就是对那些不清楚或没说明的地方进行询问。此举是为了帮助对方充分论证新想法的可行性，提醒他们可能存在的漏洞和风险。假如回答者考虑不周，你的追问就会揭露出新想法的致命缺陷，这样才能让新想法更加完善。例如：

“按照你过往的经验，这个点子还有哪些地方存在不确定因素吗？”

4. 询问这个新想法最可能带来什么样的后果

需要指出的是，这里问的不是新想法可能带来的后果，而是“最可能带来的后果”。该问题的实质是评估新想法的积极影响与消极影响。毫不夸张地说，它对新想法的后续命运有着决定性影响。例如：

“假如不考虑资金因素，你觉得这个新点子将会给我们的生活带来哪些主要影响？”

反馈式倾听，验证式询问

读前思考

没有反馈的倾听会让回答者感觉你心不在焉，这样一来，沟通就容易不欢而散。优秀的询问师不仅会及时给回答者反馈意见，还会用验证式询问的方式来确认自己的理解。这种行为会让回答者更有交流的愿望。此中原因何在？

不少提问者总是忽略一个重要的问题——持续的单方面询问会给回答者带来一定的压力。他们会觉得整个谈话节奏完全被提问者控制住了，自己只是被牵着鼻子走，仿佛像被警察提审的犯罪嫌疑人，内心想法对对方单向透明。时间一长，回答者的不耐烦情绪和不适感就随之增加，如同一个正在充气的气球，离爆炸的临界点越来越近。

这种现象造成了无数个不欢而散的沟通。其实解决思路简单得不能再简单，即“互动”二字。提问者应该避免单纯提出问题的交谈方式，而应该时不时跟回答者聊一聊自己对上一个答案的看法。不应用疑问句或反问句，而要用陈述句。要知道，回答者并不是说完了就万事不管，他们希望对方无论是赞同还是反对，都有反馈，以便确定自己的话有没有被听进去，回答得好不好。

此外，在回答者看来，提问者不认真听自己说话是非常不尊重人的表现。假如你提出了一个问题，却又对他的回答充耳不闻，自顾自地再提一个人家刚才在回答中已经解释过的问题，那么被下逐客令是必然的结果。

反馈式倾听包括两个环节：一个是迎接答案，另一个是做好反馈。反馈的内容既可以是对回答者说辞的理解，也可以是以确认信息细节为目标的验证式询问。不管怎样，做好迎接答案的准备是基础中的基础。对此，需要注意哪些事项呢？

• 回答的形式需要和提问的形式一致，例如明确自己的反馈应该采用正式语气还是非正式语气，等等。

• 清楚地说出或写出回复，不要用隐晦的表达形式。

• 在表达反馈意见时表现出你的自信。

• 如果你不清楚某个问题，就要敢于直接大大方方地承认“我不知道”。

• 避免夸张的表达或最高比较级的用词，例如“最好的”“最多的”“绝无仅有的”；以及武断的总结性词语，例如带有“无一例外”“所有人”“从来没有”的句子。

• 注意管理好你的表情和肢体语言。

• 无论是验证信息还是反馈意见，都不要脱口而出，回答前至少要过一下脑子。

• 知道什么时候停止发言，不能口若悬河地讲个不停。

• 不需要表现得像在跟对方进行雄辩，也不能让发言带有攻击性。

• 避免用有敌意的问题反问，也不要在对话中设置圈套。

• 避免表现出自我防卫的姿态，即使你正在经受针对个人的质问。

• 避免使用有人身攻击、贬低、轻蔑、侮辱倾向或会给别人造成心灵创伤的提问或回答。

• 不要尝试转移话题的回答，即听到一个问题却故意回答另一个问题。

• 不要尝试理由不确凿的回答，即引用无法证实的论据，必须给出有准确来源的论据。

• 不要给出模棱两可的反馈意见。

• 不要猜测对方的意图，假如真想知道，就直接正面提问。

• 不要采用不完整的片面答案充当反馈意见。

• 不要给出挑战基本常识的回答。

• 不要给出故意模糊核心内容的回答。

• 不要抛出与事实不相干的论点来转移对方的注意力。

• 在注意到对方已经获得足够的反馈信息后，请立即停止发言，不要忘记自己在对话中的立场。

美国沟通专家科里·帕特森建议道："要想成功说出内心想法而不招致对方的反感，你应当引导对方了解你的行为模式，让他们从头到尾地了解你分析问题的思路，且不是从行为结果出发的。"

提问者应当以事实为基础，并告诉对方，自己由此得出的是什么结论，从而让对方设身处地地替你着想。只有这样做，当提问者在谈起自己的主观结论时，回答者才会充分理解。也就是说，你必须先罗列事实，再提出看法，同时还要注意你的陈述方式，表明这只是你的看法，而不是确定的事实。

总之，提问者在邀请对方分享观点时，需要做好及时反馈和验证的准备。你不仅要鼓励他们开口，还要表明这样一种态度，即无论对方的看法和自己的有多不同，你都愿意洗耳恭听。在交谈过程中，回答者需要足够的安全感来分享自己对事实的观察，以及由此形成的想法。当他们的观点与你的不一致时，这种心理会变得更强烈。假如提问者无法营造这种安全感，回答者就不敢坦率地表露心声，你也就无法检验自己的观点是否正确了。

发散思维打头阵，收敛思维画句号

读前思考

发散思维和收敛思维是两种截然相反的思考方式。当人们以发散思维提问时，会得到很多天马行空的奇思妙想；当以收敛思维提问时，则会缩小对方的回答范围。怎样才能把这两种提问思路的效果发挥到极致呢？

关于发散思维

千篇一律的问题会让人感到厌烦。提问者可能是头一次问对方，但回答者也许已经向其他提问者解释无数遍了，完全不想再重复已经倒背如流的回答。优秀的询问师会在事前准备阶段认真研究回答者的情况，然后设法提出一个角度新颖的问题，让对方兴趣盎然地去思考一个别开生面的回复。而要做到这点，提问者必须具备发散思维。

美国沟通专家杰拉尔德·纳德勒说：“我们在提出问题、确定观点和选择行动的背后有一个明确的框架。这个框架是建立在有关创造力的基本思维流程之上的。想要形成真正富有创造力的解决方法，你得在任何创造性工作的初始阶段尽量扩充观点和方法的范围及数量。创造性思维的一个重要准则就是，如果你能在各个阶段形成尽可能多的观点，就能够扩大潜在解决方法的来源。在创造力领域，这一过程被称为发散性思维。”

发散性思维要求提问者不要急于对事物做价值评判，而是尽量拓宽思考的领域，尝试着把平时看似不相关的事物联系起来。因为，发散思维的出发点不是“得出结论”，而是“产生新观点”。

关于收敛思维

发散思维的无限延伸将使得事情变得没完没了，最终依然得不到解决方法。如果说发散思维好比是撒开渔网，那么收敛思维就是收拢渔网。当人们用“头脑风暴法”发散出多种多样的点子后，应该适时止住自己想象力的过度发挥，放弃“产生新观点”的目标，开始把“得出结论”提上议程。

收敛思维跟发散思维是从完全相反的角度进行思考，其最大的特点就是通过严密的对比和合理的取舍来挑选出那个综合效果最佳的选项。换句话说，当提问者开始使用收敛思维进行思考时，就会像删减多余的树枝一样不断地去掉冗余的部分，然后把几个备选方案的优点整合在一起，形成最终对策。假如没有这种思维方式，人类将永远沉浸在美好的遐想中不可自拔，迟迟无法把想象落实到实践中。

从发散到收敛的3个步骤

1. 发散：询问有哪些可以考虑的选项

在这一环节中，你需要做的就是多提问题，尽可能刺激大家提出新的观点。促进讨论是发散的目的，暂且不要过多考虑可行性和操作细节，而是要把所有的可能性都罗列出来，“还有没有其他想法？”是本阶段的常用句式。

2. 整合：讨论怎样把各种选项整合成可操作的备选方案

这是由发散转入收敛的过渡环节。通过发散性思维产生的大量不成熟的想法，会被提问者和回答者加工改造为更加成型的方案。本阶段的提问要点是“该怎样才能做到这个效果？”之类的内容。

3. 收敛：确定哪个方案综合效益最好

这个环节实际上是决策的起点。提问者通过对各种已经加工成型的备选方案进行对比，权衡各自的利弊，从而做出最终的取舍。取舍的依据就是综合效益最大化，包括每个问题参与者的利益和解决问题带来的社会效益，等等。

总之，以发散思维开头并以收敛思维达成共识，是优秀询问师的一种重要的思考方法及互动技巧。在每个环节中，询问师都在向不同的回答者征集答案，并将这些答案整合成解决方案。回答者从头到尾都参与了创造过程，自然就会觉得跟提问者的交谈与合作都很愉快。

根据3个基本问题完善提问方式

读前思考

如何看待每个具体问题的独特性？哪些信息有助于我们创造有效的解决方案？如何以系统的观点来验证解决方案的有效性？任何一位优秀的询问师在沟通过程中都会认真考虑这3个基本问题。你为什么不这样考虑呢？

提出问题的最终目的是了解世界和促进交流。换个角度来看，成功的提问促使人们重新思考每一个问题，搜集新的信息，通过不一样的切入点来重新理解事物。而不成功的提问会让你错失获得成长的机会，这恰恰是我们极力避免的情况。因此，擅长提问的人往往会让大家感觉有趣，值得深入交流，聊三天三夜也乐此不疲。优秀的询问师不会去刻意推销某个答案，也不会用问题去故意刁难别人，他们会化身为一个思维富有开放性的好听众，引导着众人集思广益。

我们在前面详细拆解了各式各样的询问技巧。若想将这些知识点融会贯通，不但要认真了解问题的种类、形式、提出时机、价值导向等细节，而且还应该在头脑中树立一个明确的思维体系。“读前思考”中的3个基本问题，可以说是问题中的问题，对掌握超级询问学有着提纲挈领的作用。接下来，我们将逐个介绍这3个基本问题的意义和方法论。

1. 如何看待每个具体问题的独特性

与优秀的询问师相比，平庸的提问者缺少“具体问题具体分析”的思维习惯。他们总是想用单一的提问方式来解决所有问题。殊不知，每一个具体问题好比是一把锁，只有对应的钥匙才能将其打开。比如，每个国家的人都存在文化差异，每个省市的人都有各不相同的风俗，每个行业的人都有各自的思维定式，哪怕是同一行业，不同人士也可能给出相左的意见。在提问前就预想人们的回答应该是自己想象中的某种标准答案，是非常主观和武断的错误观念。

因此，优秀的询问师每次都会重新了解每个具体问题，找出其独特性，然后才向相关的人提问。也就是说，他们一开始就注意问题和解决办法的独特性，区分这个问题和那个问题的不同，从而使用不拘一格的询问方式。这种求实创新的思维方式使得询问师常以开放的心态学习新观点、新方法、新技术，以便不断提高处理各种具体问题的能力。

2. 哪些信息有助于我们创造有效的解决方案

从理论上说，我们收集的信息资料越多越全面，提出的问题就越有深度，讨论出来的答案也越靠谱。但在实践中，事情往往没有那么简单。优秀的询问师其实并不会像松鼠囤积过冬的果实那样囤积大量资料，更多时候只是根据少而精的信息来组织问题。因为他们很清楚，信息是人为制造的，具有不完整性和模糊性。所以信息不等于知识，知识不等于能力。

信息源于人们对现实的主观认识，不一样的头脑会加工出截然不同的信息。即便面对同样的风景，不同的画家也会将其绘制成风格各异的画面。我们根据某种信息而得出的看法，未必符合事实本身，更多时候只能代表个人的主观认识。

信息的不完整性和模糊性，指的是一个人很难搜集到关于某种事物的全部信息。大家实际上只是根据十分有限的信息做出判断和决策。在很多情况下，能做出精准判断的未必是掌握信息最多的人，而是那些善于把手头信息分析透彻的人。毕竟，信息只是需要加工的基础材料，分析能力才是真正的智慧。

从某种意义上说，解读信息的能力比搜集信息的能力更重要。所以，优秀的询问师不会把精力过多地放在搜集信息上，而是将解读信息作为主要突破方向。他们会用多种视角和方法来验证信息的准确性和可靠性，将信息整合成解答某个疑问的知识，再将知识上升为智慧。这些工作都是在询问过程中完成的。

3. 如何以系统的观点来验证解决方案的有效性

通过询问和分析，我们能掌握很多情报，并形成一些观点。但这些观点只是针对单一的具体问题做出的解答，还不足以让提问者形成对同类问题的系统认识，与真正找到问题的解决方案还有较大的距离。

优秀的询问师无不具备系统思维。他们在询问过程中会把一个个问题衔接起来，将回答者提供的答案串连成一个整体。也就是说，询问师把一个个子问题整合成了一个系统的大问题，无数答案构建起了一个从整体上解决问题的系统认识体系，解决方案也将由此具象化。而验证解决方案的有效性，主要是看这个方案是否具有明确的目的和导向结果，问答双方是否达成了共识，包括失败的风险及预防策略，各种要素的处理办法，等等。这实际上是询问师给自己提出了一个更为宏大的新问题，并努力去寻找这个问题的答案。

当提问者用这3个基本问题来审视自己的询问计划时，就会发现很多有欠考虑的细小纰漏。最后请记住，优秀的询问师是为了解决问题而提出问题的，一切为提问而提问的无聊之举没有任何意义。

层层递进的“四阶段提问法”

读前思考

无论问什么，怎么问，询问的终极目标都是解决问题。从开口提问到互动交流，再到讨论出解决问题的办法，是一个层层递进的过程，需要经过4个阶段。那么，我们在不同的阶段中应该怎样提出问题呢？

超级询问学不只是一种沟通理论，更是一种行之有效的实践方法。为了更加精确而高效地提出问题，我们将询问过程划分为4个层层递进的阶段。每一个阶段都有自己的核心目标与行动方案，使得提问者的思考过程有章可循，不至于出现“发散得出去，收敛不回来”的杂乱节奏。这4个既有弹性又密切相连的阶段，共同构成了一个比较完整的询问框架，可以称之为“四阶段提问法”。优秀的询问师会想出无数种让人眼前一亮的提问方式，但万变不离其宗，无论运用何种技巧，都是对“四阶段提问法”的灵活运用。

“四阶段提问法”的4个阶段分别是：寻找问题相关者阶段—明确核心目标阶段—思考未来方案阶段—寻求解决办法阶段。接下来，我们将逐一梳理各阶段的基本原理和操作要点。

1. 寻找问题相关者阶段

所有问题都无一例外会与“人”挂钩，制造问题的是人，发现问题的是人，提出问题的是人，解决问题的依然是人。提问者不仅要搜集书面资料，还要开口询问他人。因此，寻找问题相关者的阶段就自然成为询问的第一个阶段。

在本阶段中，提问者要搞清楚问题相关者是哪些人，并与之取得联系。具体而言就是，整理出与你的问题有利害关系的人，然后提出一些能代表所有利益相关方权益的解决方案的问题。这些提问相关者可能是你的亲戚朋友，也可能是初次见面的陌生人，还可能是某个领域的专家或能为你提供某种支援的外界人士。

本阶段的主要任务是搜集他们的相关情报，了解问题相关者的各种情况，以及他们将在这个问题中产生的作用。提问者要做的事情无非两件：一是让所有合适的人参与到讨论当中，二是讨论出一个所有参与者都能接受的解决方案。

2. 明确核心目标阶段

解决了参与者的问题后，提问者接下来的任务就是跟众人确立自己想要达成的核心目标。确立核心目标的意义在于，让询问获得一个根本方向，让每一位参与者了解自己应该扮演什么角色和采取哪些行动。

优秀的询问师总是把问题放在更高的层次与更广阔的背景下讨论。他们会用核心目标引导自己不断询问、反复探索，把自己遇到的每一个具体问题都研究清楚，以合理的方法予以解决。这个阶段能让提问者通过提出一系列问题来识别那些对自己真正重要的目标，通过不断地发问来寻找具体目标，消除那些浮于表面的认识，弄清楚自己最终的核心目标是什么。

3. 思考未来方案阶段

在这个阶段，提问者的主要任务已经由“发现问题”转为“解决问题”了。在询问清楚各种情况后，提问者应该在头脑中一步步推演出对当前问题的长远看法，即一个着眼于未来发展的解决方案。

这个未来方案无疑带有强烈的理想化色彩，因为它描述的是未来的发展前景，而不是当下的实际环境。需要指出的是，提问者不应该抱着“头痛医头，脚痛医脚”的观念来提出问题和寻找答案，而应该把目光放长远，从发展的角度看问题。你会发现未来方案能为所有参与者提供一个共同努力的方向，让大家更乐于接受你的意见。

4. 寻求解决办法阶段

提问者应当明白，世界上没有一劳永逸的解决方案。这就是为什么人们要不断地提出新问题的根本原因。优秀的询问师坚持将提问视为一种创造新的解决办法的有效手段。进入第四个阶段，也就是最终阶段后，提问者依然需要向众人提出大量问题，以求完善解决办法的细节，使之更符合未来方案的要求。

由于社会发展形势不断变化，原先议定的解决方法随时可能“过时”。这就需要我们每隔一段时间就重新审视原定方案，找出新的问题并形成新的解决措施。通过反复地询问、探讨、修改和调试，大家共同创造的解决办法会越来越成熟有效。

最后需要明确的是，这4个阶段虽然呈线性排列，但提问者在实际询问的过程中并不会完全遵循这种线性的递进关系，从一个阶段顺利进入下一个阶段。更常见的情况是，提问者卡在某个阶段，或者在交流中又回到上一阶段的核心问题。凡是没有得到结论或有用信息的询问，基本上都走不完四阶段提问法的全部流程。因为，四阶段提问法的最终阶段是寻找一个符合未来方案要求的解决办法，问答双方在沟通中达不成共识，是不可能满足最终阶段的要求的。

为此，提问者要做好经常在中间阶段反复纠缠的心理准备。优秀的询问师深知此点，故而能用更多的耐心和积极的思考去改善当前的提问方式，打破对话阻碍，最终获得令人满意的结果。

附录
APPENDIX

便携式常用问题参照列表

生活瞬息万变，世事复杂多元，我们并不是时时刻刻都能准备好提出或回答任何问题。再优秀的询问师也会大脑短路，一时想不出该如何恰到好处地提问。如果能随身携带一张常用问题列表，我们就能得到有效提示，轻松自然地应对各种场合的询问需求。以下是美国演说家、咨询顾问特里·费德姆设计的常用问题参照列表。

1. 为什么？（万能提问句式）
2. 你提到的内容是什么意思？（确认对方的表述内容）
3. 这将意味着什么？（了解事物对人们的影响）
4. 它有哪些变化？（了解事物的演变情况）
5. 我们的选择是什么？（弄清取舍的结果）
6. 你打算怎么做？（弄清对方的决定）
7. 能否具体解释一下？（追问含糊的信息）
8. 这方面是否存在问题，你清楚吗？（追问事物隐藏的风险）
9. 我们应该从中吸取什么教训？（提醒自己和对方总结经验教训）

10. 我们应该做出怎样的推断？（确认判断方向）
11. 我们一起碰到过类似的情况吗？在哪里碰到过？什么时候碰到过？（确认某种情况是否有先例）
12. 需要追加多少资金才能完成目标？（确认完成目标所需的成本）
13. 这种事物的局限性是什么？（了解事物的不足）
14. 我们应该怎样去了解它？（询问认识事物的方法）
15. 为什么会出现那些变化？（询问变化的原因）
16. 这是怎么做到的？（了解成功的原因）
17. 我们的经验是否支持这个结论？（根据以前的经验提出质疑）
18. 可以说说你具体的想法吗？（引导对方展示自己的想法）
19. 我们面临这种情况有多久了？（了解问题产生的起始时间）
20. 支出超过预算多少？（确认是否需要更多资金）
21. 两者之间相差多少？（确认两种事物之间的差距）
22. 还有没有其他选项？（寻找其他可能性）
23. 如果从另一个角度来看，会怎样？（寻找其他思考角度）
24. 如果用另一种方法完成目标，会怎样？（确认新方法的可行度）
25. 假如我们成功实现目标，接下来会发生什么？（确认成功带来的收益）
26. 假如这件事情完不成或失败了，该如何是好？（确认失败带来的负面影响）
27. 假如事件的进展比预期顺利，我们应该怎么办？（了解乐观形势下的调整方针）

28. 谁负责这件事？（寻找责任人）
29. 我们为什么必须做这个？（明确工作的必要性）
30. 我们为什么不能换个思路来考虑这个问题？（引导大家反思当前的问题）
31. 还有什么我们没注意到的地方吗？（确认自己有无疏漏）
32. 谁有补充意见吗？（确认其他人是否还有不同看法）
33. 我们需要哪些条件？（确认完成目标的条件）
34. 我们要等多久？（确认完成这件事需要花费的时间）
35. 这样做的好处是什么？（确认自己能从某事中获得多少利益）